ムダをなくし〝時短〟でうまくなりましょう！

道具にはうまくなれるものと、うまくなれないものがある

人間はいつも同じようには動けませんから、せめてクラブは地面にピタッと吸い付く完璧なアライメントになっていてほしい。

軌道に対してズレたアドレスを強いられると、自分で矯正しようとするからです。

実はこれがスイングを崩す大きな原因。

ゴルファーは少なからず道具に合わせていきます。

だからこそ、素直なクラブを使う必要があるのです。

うまくなる条件を満たしたクラブを使うのと使わないのとでは、上達のスピードは大違い！　新しいクラブが必ずしもいいわけではない

28ページから

クラブが軽すぎると
カラダを使わず手で
上げてしまう

クラブが軽すぎると スイングのカラダ使いが 身につかない

アマチュアの方のクラブは軽すぎると思います。

軽いと手で操作できます。手首を使ってヒョイとクラブを上げてしまいます。

これだと大きな筋肉を使わないため、飛距離も安定感も望めません。

僕がみなさんに教えるとしたら、はじめはクラブをちょっと重めで短くします。

これでベースができたらシャフトを10グラム軽くして、半インチから1インチドライバーを長くする。驚くほど飛ぶはずです。

〇 クラブに適度な重さがあればスイングに必要な筋肉を使う

35ページから

クラブを斜めに握っていますか？
直角に握っていますか？

クラブを斜めに
握っている

クラブを斜めに持っているか、直角気味に持っているか、気にしたことがあるでしょうか？

実はこれ、クラブの振り方を左右する大きなファクター。ノーコックでスイングするか、自然にコックが入って振るかの分かれ目になります。

特にウエッジでは大事。アプローチが寄らずに悩んでいる場合、ここに問題があるかもしれません。

クラブを直角に握っている

70ページから

プロが飛ぶのはフェースローテーションを使うから

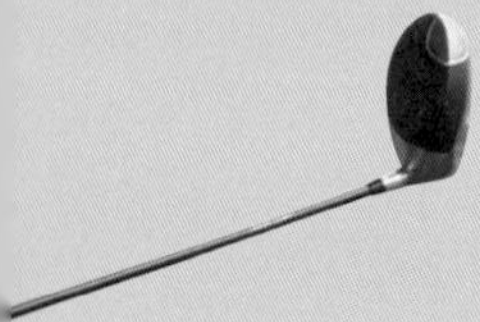

プロがドライバーで３００ヤード飛ばせるのは、フェースローテーションを使っているからです。

ボールの打ち方は大きく分けて２つ。

フェースローテーションを使う打ち方と使わない打ち方ですが、
プロは飛ばしたい時には必ずローテーションを使います。

一方、ローテーションを使わないとショットの方向性がよくなります。

プロはこの２つを使い分けているのです。

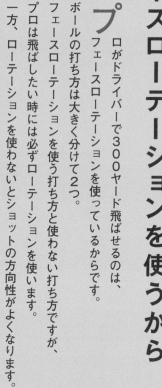

フェースローテーションを使う打ち方。飛ばしたい時はこう打つ

フェースローテーションを使わない打ち方。コントロール重視ならこれ

108ページから

支点が決まればスイングは速くなり安定もする

スイングは右ヒジを支点をとした回転運動という一面があります。
支点が動くと速く回転できず、安定性も保てません。
当たり前のことですが、アマチュアの方はこれができていません。
スイング中に右ヒジが浮いたり、右ワキがあくのはヒジが動いている証拠です。

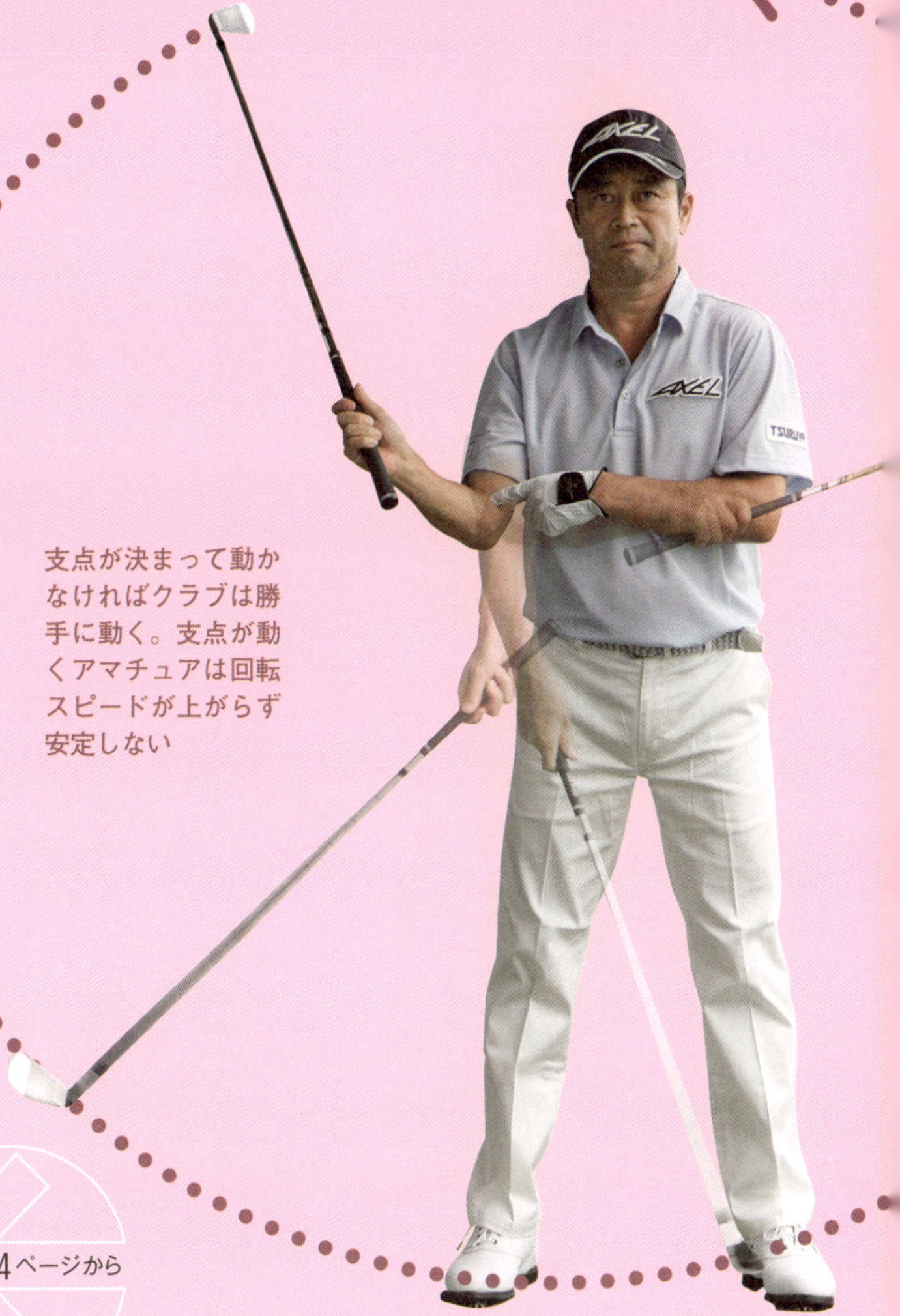

支点が決まって動かなければクラブは勝手に動く。支点が動くアマチュアは回転スピードが上がらず安定しない

114ページから

右目で見るか左目で見るかでスイングは変わる

左目が利き目の人の
インパクト

人間は無意識に左右どちらかの目をメインに使って物を見ています。使っているほうが「利き目」です。

打つときにはボール付近を見ますが、利き目が右目か左目かでインパクトのカタチに違いが出ます。

それによって、いわゆる「ヘッドアップ」の動きが許容されるゴルファーも出てきます。

多くのセオリーは万人に当てはまるわけではありません。

右目が利き目の人の
インパクト

118ページから

意識を変えるだけで可動域が広がる ボディマッピング法

首の下から先を動かすイメージをもてばここまで上がる

腕を動かす時、ほとんどの人は肩口から先を動かします。
このイメージで動くと肩まわりの関節や筋肉の可動域が制限されて
腕だけしか上がりません。
ところが、首の下あたりから指先までを腕と考えると、
可動域が一気に広がって肩まわりが大きく動きます。
この手法でカラダの構造をイメージすると、スイングがガラッと変わります。

肩から先を動かそうとするとここまでしか上がらない

152ページから

169ページから

ため息は魔法のリセット術

ため息をついたり、大きく息を吐くことが自律神経の安定に寄与。プレー中にキレなくなる

リラックスするには息を吐くことが大事です。カーッ！　となったときなどに、吐く時間が吸う時間より長い呼吸をすると、副交感神経が活性化して自律神経のバランスがとれます。「ため息をつくと幸せが逃げる」というのはウソ。人間はイライラしたらため息をつき恒常性を保つのです。

横田メソッド

日本一練習嫌いの
プロが実践する
最も効果的な
ゴルフ上達法

YOKOTA
METHOD

はじめに

「ゴルフの上達には練習が欠かせない」。アマチュアの方のほとんどはこう考えていると思います。確かに練習は上達するうえで欠かせないものです。

読者のみなさんの中には、それぞれの目標スコアに向かって、日夜練習に励んでおられる方が多くいらっしゃると思います。でも、なかなか思ったとおりに上達しない、と思っている方もまた多いのではないでしょうか？

そうなる理由は簡単。練習の仕方が悪いから。間違ったことを反復すれば、間違いが身につきます。いろいろな情報を仕入れ、いろいろなことを試しても、何が自分に合っているのかわからないと路頭に迷う。これでは時間とお金に加え、スイングまで失うことになりかねません。

おもしろいのは、練習するのをパタッとやめ、ぶっつけ本番でラウンドに臨むと結構いいスコアが出ること。「まったくゴルフってやつは！」という感じですが、ゴルフにはそういう一面があります。

ならば、それを利用すればいい。最低限のことはできているわけですから、それ以下にならないことだけを心がけ、スコアアップを目指す道もあるはずです。練習場に行ってボールを打ちまくるだけがスコアアップ術ではない、ということです。

僕はプロゴルファーのくせに練習が好きではありません。ですから、それ以外の部分でも何とかレベルアップできるように心がけ、日夜研究を重ねています。順天堂大学の大学院で医学の勉強を積んだのもその一環です。

では、何をすればいいのか？　そのエッセンスを紹介したのがこの本です。ゴルフはトータルの力が試されます。ショットもパットも要素のひとつ。ほかにもスコアを左右するファクターがたくさんあります。この本では、おもにその部分について紹介し、みなさんがイメージどおりにラウンドするお手伝いをします。アベレージゴルファーの方はもちろん、ビギナーや上級者の方にも役立てていただけること請け合いです。

プロゴルファー　横田真一

横田メソッド

日本一練習嫌いのプロが実践する
最も効果的なゴルフ上達法

目次

ENTS
METHOD

PART 1

ゴルフはクラブで7割決まる
クラブがゴルフをつくる。クラブをなめてはいけない

CONT
YOKOTA

PART 2

グリップに合ったスイングがあり、スイングに合ったクラブがある

クラブ、グリップ、スイングをそろえる 069

E N T S

METHOD

PART 3 スコアアップの知恵袋

プロに近づくテクニック

YOKOTA CONT

PART 4

誰でもできるラウンド前のコンディショニング

前日からスタートまでの過ごし方

CONTENTS METHOD

PART 5

ゾーンに入ってプレーする！

自律神経のコントロール

CONT

YOKOTA

編集協力　岸 和也
写真　小林 司
イラスト　川崎敏郎
装丁・本文デザイン　鈴木事務所
DTP　加藤一来

ゴルフはクラブで7割決まる

クラブがゴルフをつくる。
クラブをなめてはいけない

PART 1

横田メソッド
YOKOTA METHOD

フェースが左を向いたクラブはアウト！

ゴルフは道具が仕事をするスポーツ。手っ取り早くうまくなろうと思ったら、いい道具を使うのが一番です。

僕のような練習嫌いはなおさらで、まずはクラブとボール探しから始めるべき。類は友を呼ぶのか、僕のところに教わりに来るのは努力するのが嫌いなゴルファーが多いですが、たとえそうでなくても、僕はまず道具探しから始めてもらいます。

まずはクラブですが、一番大事なポイントはフェースがかぶっているか、いないかです。**見た目で言うなら、構えたときにフェースが左を向いているかどうか**。**もし左を向いていたらアウトです**。そもそもフェースが右を向いているクラブはありませんから、要は真っすぐでないとダメということですね。「じゃあ、フェースが真っすぐのクラブを選べばいいのでは？」と思われるかもしれませんが、実はコレ、簡単ではありません。

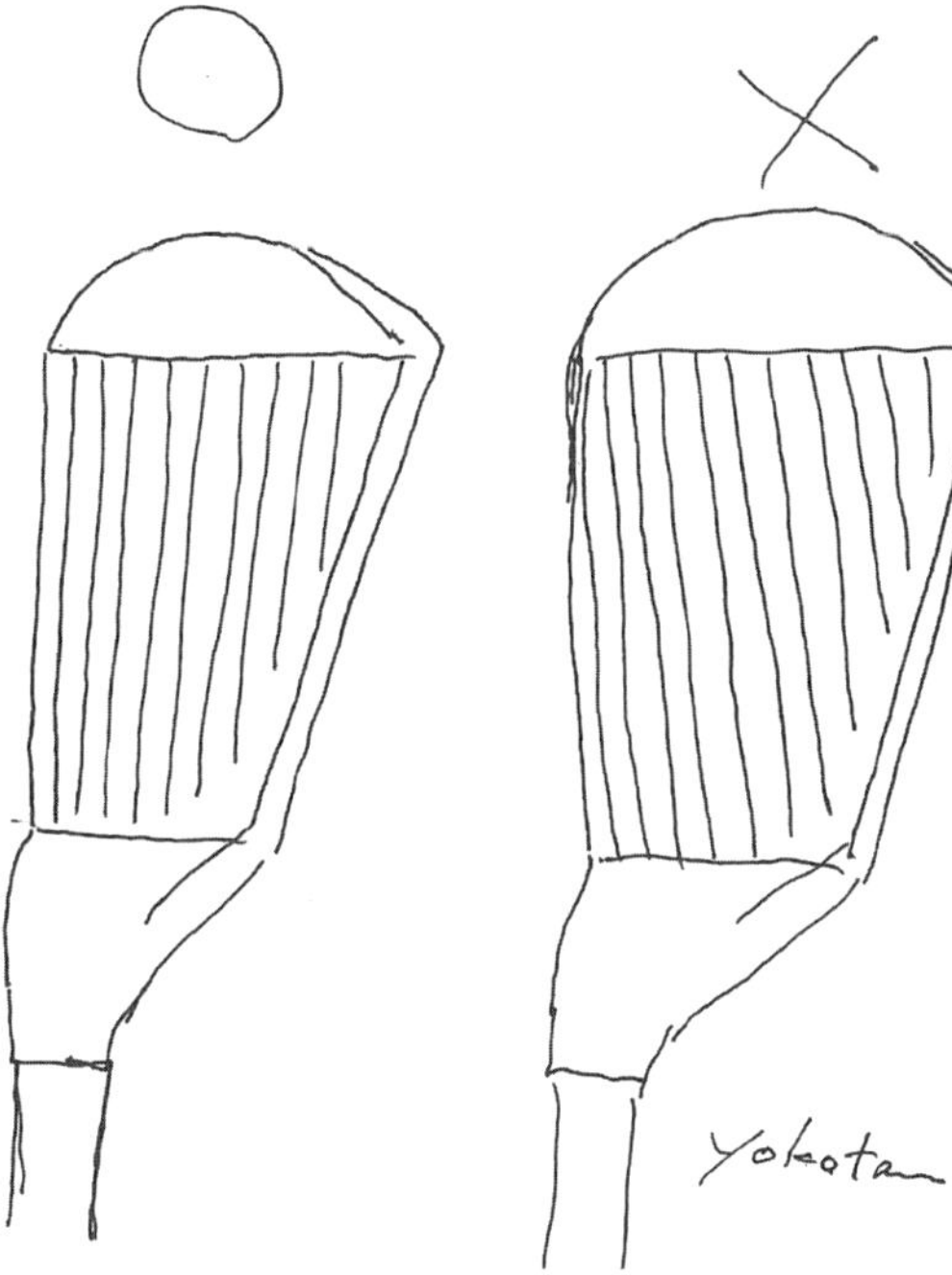

右のクラブで右からドローが打てるか？　答えはノーで、ひっかけフックしか出ません。ゴルフを知らない多くの技術者は右のクラブがつかまりやすいと思っていますが、これは大きな勘違いです

フェースが左向きなのにボールがつかまらない⁉

僕たちプロが使うのは、もっぱら鍛造のクラブ。打感とコントロール性のマッチングなど理由はいろいろですが、それはさておき、鍛造のクラブヘッドは熱した素材に強い圧力をかけてつくります。熱したヘッドは冷めていきますが、**その過程でどうしてもネックのほうから曲がってフェースが閉じ気味になってしまいます。**

こうなると、右からシャフトを刺す傾向が強くなるのですが、そうやって組み上げたクラブはボールがつかまりません。フェースが左向き加減のクラブなのに、ボールがつかまらず、ドローが打てない、というおかしな現象が起こるのです。

僕はこれまで、いろいろなクラブメーカーさんと契約を交わし、本当にいいクラブを使わせていただきましたが、それらと同じものは探しても見つかりませんでした。支給して

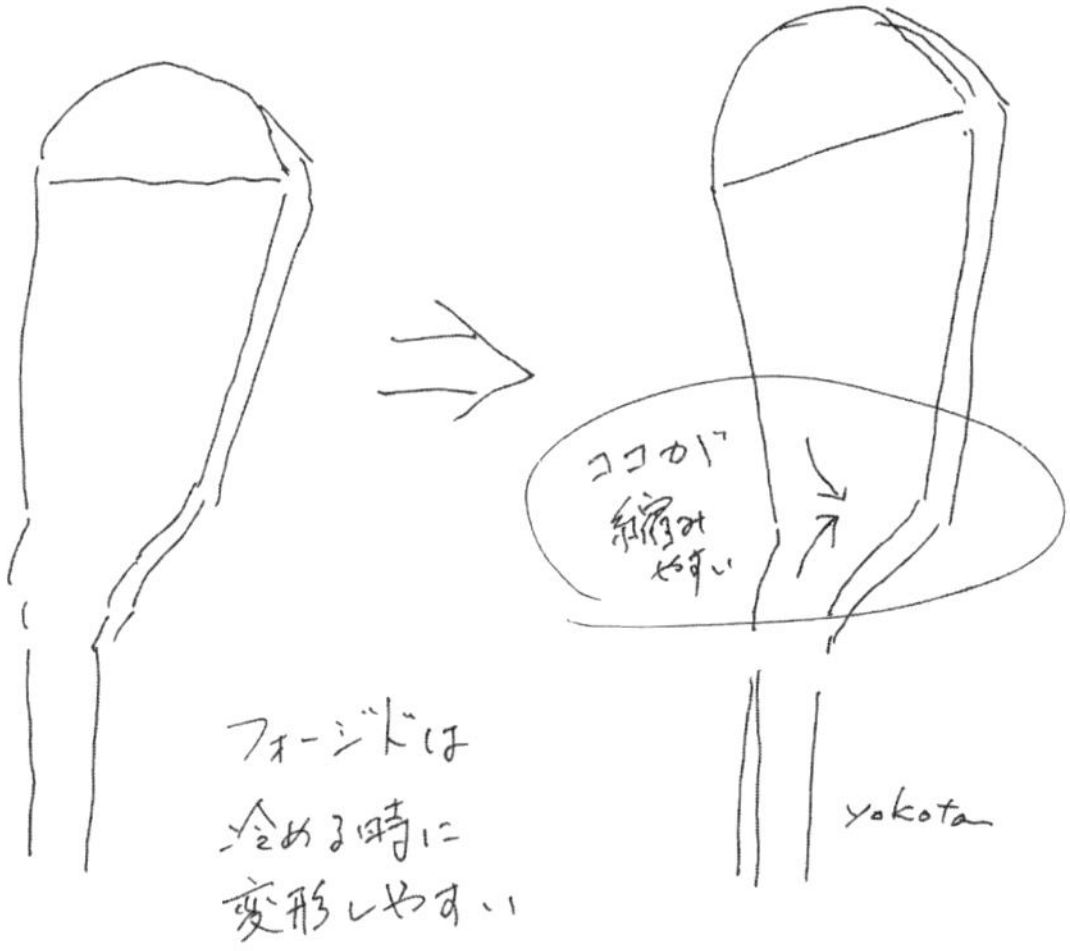

いただいたクラブが唯一無二の存在ということばかりだったのです。

どうしてネックから曲がるのか？　真っすぐにできないのか？　クラブ職人さんに聞いたこともありますが、「横田プロの言うことはよくわかります。でも、どうやったらいいかわからないんです」という答えでした。

余談になりますが、昔、あるクラブ製作所にAさんという日本アマチュア選手権に出ているレベルの職人さんがおられました。さすがと言うべきでしょう、そういう方がおられる製作所では、いいクラブをつくっていました。

Aさんは、ジャンボ尾崎プロのクラブを手で削っていましたし、ジャンボ軍団全盛の一翼も担っていました。J'sアイアンを使っていた尾崎健夫プロ、尾崎直道プロ、飯合肇プロ、高見和宏プロ、金子柱憲プロ、東聡プロ、みんな凄かった。

同じ時代には、ミズノの300S、ブリヂストンの230チタン、セイコーのエスヤードといったトップセラーもたくさん出ました。キャロウェイもよかったので、ディーン・ウイルソン、久保谷健一プロ、谷口徹プロらがグイグイきていました。

たとえブランドは違っても、これらのクラブは同じ工場でつくられていたのでノウハウは一緒。プレーヤー個々には他に譲れない部分もありますが、一番大切なのはクラブがストレートであること。ここを満たしているかがクラブ選びの大きなポイントになります。

でも、それは重心距離や重心位置、バンス角とかといったことではなく、**シャフト対フェース面の関係。簡単に言えば見た目であり、形です**。合理的でないというのは素人の考え。面の向いた方向にボールは飛びたがるからそこに直角にシャフトがくる。クラブの最終的な仕上りのよさはそこに表れます。

いわば鍛造クラブはワインと同じで、「何年にどこの工場でつくったものがいい」という違いがあるのです。

どの世界でもそうかもしれませんが、会社で量産コストダウンという話になると、たとえば生産コストの安い海外で製品をつくったりします。いいものはつくれるけれど、それにはコストがかかる。でも利益を優先するから原価や手間をケチって儲かるものを量産することになり、本質から離れた方向に行ってしまうのでしょう……。

鋳造クラブはフェースが曲がりづらい

さて、そこで最近のクラブに目を向けてみると、**正直、構えた状態で「フェース面がきれいだなぁ」と感じるクラブがあまりありません**。いま僕が使っているアクセルのクラブはいいですが、いいものがもっとたくさんなければと思います。

そんな中にあってロングセラーのクラブは、アマチュア向けに高い品質レベルをキープしています。ドライバーについては国産の人気ブランドを選ぶのがいいでしょう。

アイアンに関して特徴的なのは、鋳造にこだわるメーカーがあることです。熱した素材を型に流し込んで成型する鋳造の場合、型の中でヘッドが冷めるので型を開けた時にそのままの状態が保たれ、フェース面が曲がりません。打感がいいのは鍛造ですが、そこに行かないのはモノの優先順位がわかっているからではないか。だとすれば、その考え方には同感できます。

　なぜそれほどフェース向きにこだわるかと言えば、ボールに厚く当たらないから。ヘッドが下りてくる軌道に対してフェース面は1ミリたりとも横にズレてほしくないのです。

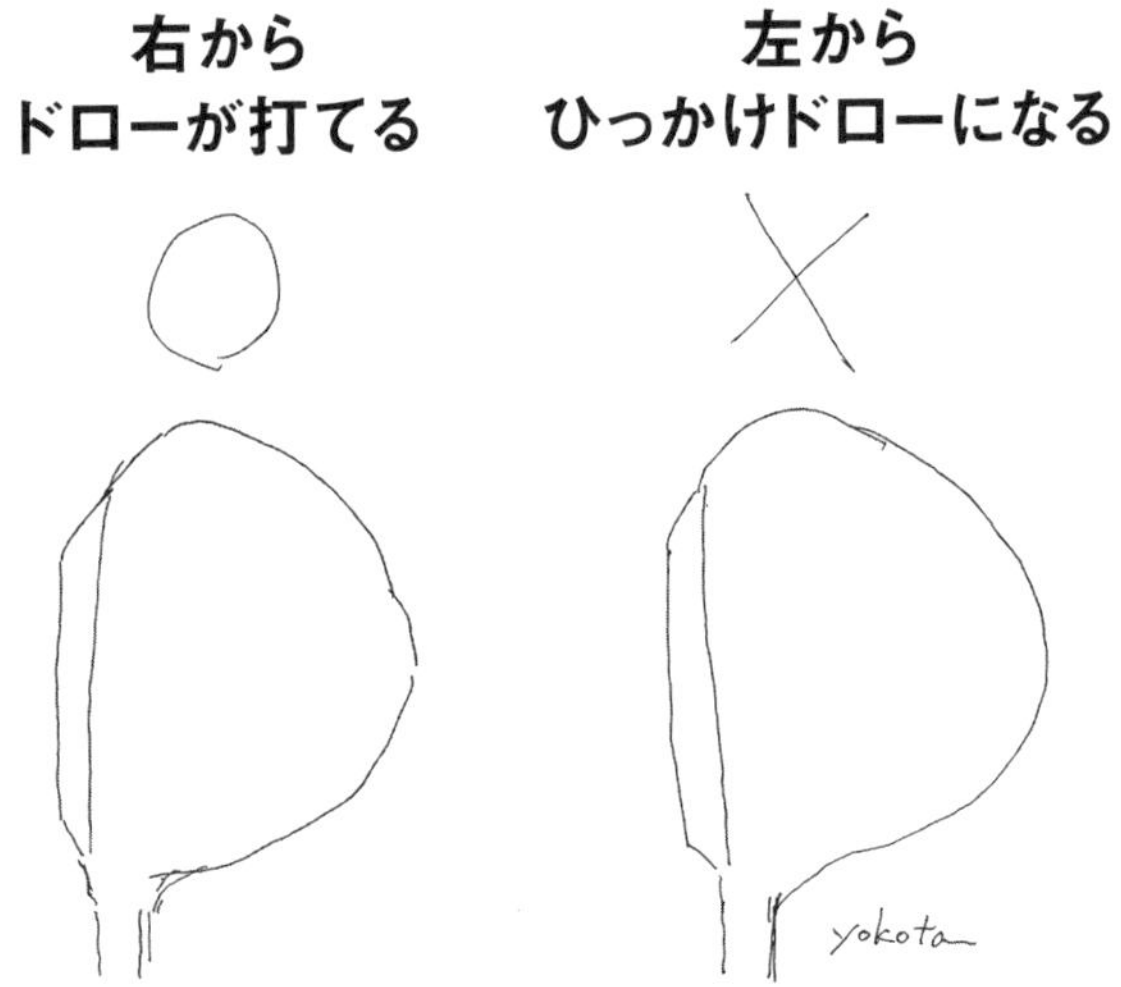
右から
ドローが打てる
左から
ひっかけドローになる
yokota

フェースが左を向いていると、右からシャフトを刺してフェース面を真っぐ見せようとしてしまう。このようにしてできたクラブはボールがつかまらない。とくにドライバーではこの傾向が顕著になる

アマチュアのクラブはシャフトが軽すぎる！

人間はいつも同じようには動けませんから、正確に動くクラブでないとインパクトのズレは大きくなるばかり。だからこそ、フェース面が真っすぐで、アドレスではソールが地面にピタッと吸い付くような完璧なアライメントになっていてほしい。

左を向いているということは軌道に対してズレているわけですから、無意識に自分でそれを矯正しようとします。実はこれがスイングをおかしくする大きな原因になるのです。

意識する、しないに関わらず、結局ゴルファーは自分を道具に合わせていきます。これはプロもアマチュアも変わりません。一回振って左に飛べば必ずカラダは記憶します。だからこそ、素直なクラブを使わなければいけない。**インパクトでフェースが開いたら右に行き、閉じたら左に行くクラブが必要なのです。**

クラブが軽いと手先で動かせる。手でヒョイとクラブを上げてスイングするとカラダが回っていないぶん手が先行。ダウンスイングでクラブが寝る、フォローで手が前に出るといった悪い動きになり、スイングプレーンが安定しない

あまり知られていませんが、プロのクラブはすごく打ちやすくできています。

僕の知り合いに毎週のようにクラブを替え、年間数百万円もクラブにつぎ込む方がいらっしゃいます。70歳近くのシングルさんですが、その方に「だまされたと思って僕のクラブを使ってみてください」とおすすめしたことがあります。

はじめは「プロのクラブなんて打てるわけないですよ」と尻込みしていらっしゃいまし

たが、使ってみると「プロってこんな簡単なクラブを使っているの！」と驚いておられました。少し重かったと思いますが、クラブが素直なので打球が曲がらずに飛んだのです。

手打ちになるのはクラブが軽くて長いから

僕が教えるとしたら、**はじめの段階ではクラブをちょっと重めで短くします**。こうすると本来動かさなければならないカラダの部分が動き出し、タイミングの取り方も変わってきます。そして打つほどに、スイングに欠かせないカラダの動きと正しいタイミングが身につきます。

いまアマチュアの方が使っているクラブは、軽すぎる傾向があります。軽いと手打ちができるため、大きな筋肉を使いません。カラダが正面を向いたまま手（＝クラブ）だけ上がっていく。長いクラブほど手首をちょっと使えばヒョイと上がるわけです。

これがちょっと重くて短くなると、カラダを使わなければ上がらなくなる。スイングがボディターンになっていくのです。この動きを叩き込み、**半年から1年後くらいにクラブを長めに戻すと、クラブを生かせるようになります**。

クラブに適度な重さがあると、その重さに振られる形でスイングできる。このほうがカラダを使って振れ、スイングプレーンもゆがまない

クラブが重くて短くてもラウンドはできます。むしろスコアは安定するかもしれない。つまり、**ある程度クラブの重量がないとスイングプレーンがゆがむことがわかる**。重さに振られてしまう形で遠心力が加わるほど、スイングプレーンは安定するというわけです。

スイングリズムも変わってきます。クラブが軽ければ遅くも速くも振れる。アマチュアの方の場合、バックスイングをゆっくり上げ、ダウンスイングで速く振り下ろすパターンが圧倒的に多いのですが、なぜそうなるかと言えば、クラブが軽いから。軽くないとそんな動き方はできません。

プロはクラブを下ろす瞬間（切り返し）がめちゃくちゃゆっくりです。シャフトが派手にたわむ人を除けば、プロの切り返しのヘッドスピードを測ったらかなり遅いと思います。逆に、アマチュアの方の切り返しのヘッドスピードはプロに負けないくらい速い。**そうなった瞬間に振り遅れとなってボールは曲がります**。

まやかしで飛ばすのは簡単です。ちょっとシャフトを長くして、重量を軽くすれば誰でも飛ぶようになる。でも、それは付け焼刃の処置にすぎません。

アイアンは90グラム、ドライバーは60グラム以上のシャフト

いくら売れているクラブでも、軽いのはいいクラブではありません。プラスチックの包丁でトマトを切るのと同じ。特にアイアンは芝、土、ボールなどかなりの抵抗を受けますから、一定以上の重さがないとしっかり打てません。ジュニア用のテニスラケットは軽いですが、その分ボールも軽い。でも、ゴルフボールはみんな一緒。その中でクラブだけ軽くするというのはおかしな話です。

具体的に言うと、**アイアンは最低でも90グラムのシャフトが必要です**。50～60グラムの軽量シャフトは、売れるかもしれないけれど決してよくはない。非力な人でも85グラムは必要だと思います。

クラブの重さは腕の太さに比例すると考えています。僕は腕が細いほうですが、それで

も120グラム以上のダイナミックゴールドX100を使っています。腕が太ければX100くらいは普通に使うべきです。

ドライバーについては45インチでシャフトの重さは60グラム前後、フレックスはSが年齢や飛距離に関わらずオススメ。44・5インチなら70グラム前後、45・5インチ以上なら50グラム前後でもいいでしょう。

最近はプロでも50グラム台のシャフトを使っていますが、おおむねシャフトが長い。逆にシャフトを短くして80グラム台を着けるなど二極化傾向が見られます。

お話ししたように、クラブにある程度の重さがあると慣性の働きによりスイングプレーンに乗って動きやすい。これだと手元が暴れない。つまり、体幹でクラブが振れるのでプレーンに乗るわけです。

「飛ばなくなったらやわらかいシャフト」は間違い

もうひとつ加えると、**アマチュアの方のシャフトはやわらかすぎます。**

青木功プロやジャンボさんは年をとって飛距離が落ちていますが、シャフトのスペックは変わっていません。青木さんのクラブを持たせてもらうと、僕でも「硬いなぁ」と思うくらいです。

アマチュアの場合、真逆です。飛ばなくなると軽くてやわらかいものを使いだす。その発想自体が間違っています。年をとって飛ばなくなったから軽くてやわらかいものにするというロジックが正しいなら、青木さんもジャンボさんもそうなっているはずです。

カラダが硬くなったからと軽いシャフトにしたら、クラブがカラダを動かしてくれなくなります。カラダが固まる冬にシャフトを重くするのはそれを防ぐため。**「シャフトを重くしてクラブに振られるべし」**なのです。

ですから**シャフトは数字で選ばないこと。軽すぎるシャフトは眉唾と考えてください。**一番大事なのは打ってみてピンとくるかどうか。いいクラブを使えばカラダが自然に合わせていきます。食べ物も同じ。いろいろな意味でうまいものを食べたほうが血となり肉となる。クラブもそうなんです。

アマチュア向けの
クラブの必要条件

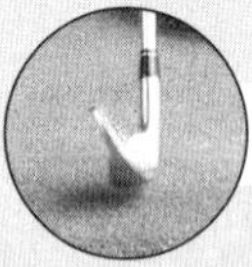

アイアン

シャフトの重さ
⇩
90～120グラム

ドライバー

ベース

長さ⇨**44～45インチ**

シャフトの重さ⇨**60～70グラム**

フレックス⇨**S**

1年後

長さ⇨**45～46インチ**

シャフトの重さ⇨**50～60グラム**

フレックス⇨**S～X**

リズムが速ければ軽め 遅ければ重めのクラブが向く

クラブの重さとスイングリズムには相関関係があります。たとえば、**リズムが速い近藤智弘プロは軽いアイアン、ゆったりめの手嶋多一プロは重めのアイアンを使っています。**振った時の重さ（＝振りやすさ）を示すスイングバランスが、近藤プロがD1なら手嶋プロはD5という具合です。

ついでにお話しすると、スイング時のグリッププレッシャーも変わります。これについてはスイング中つねに一定になるのが理想ですが、厳密にはインパクト時にはやや強くなる。でないとボールに当たり負けするからです。

スイングリズムが速い人はグリッププレッシャーが強い。はじめから強めに握ってシュッと振り抜きます。これに対してゆったり振る人は、ゆるめに握ってインパクトでグッと力が入ります。**「軽いクラブ→しっかり握る→速く振る」「重いクラブ→ゆるく握る→ゆったり振る」**の組み合わせを覚えておくといいでしょう。

切り返しが速ければユーティリティ、まったりならフェアウェイウッド

クラブをセッティングする際、ユーティリティかフェアウェイウッドかで迷うアマチュアの方が多いようですが、ユーティリティとフェアウィウッドで何が違うかと言えば「長さ」です。ユーティリティはフェアウェイウッドに比べて短い。同じロフト角でも4番アイアンに近い長さなのがユーティリティ、シャフトが長いのがフェアウェイウッドです。

スイング的には**切り返しが速い人ならユーティリティ、まったりならフェアウェイウッド**。詳細は後述しますが、前者はパンチショットのようにインパクトが短く、後者はボールを払うように打ちます（93〜95ページ参照）。**コックを使うタイプならユーティリティ、ノーコックタイプならフェアウェイウッドと言ってもいい**。打球を低く抑えたければユーティリティ、ボールが上がりづらければフェアウェイウッドという選択もできます。

ウエッジは「ノーメッキ」に限る

ウエッジもウッドやアイアンと同様、フェースが左を向いているクラブはダメですが、それに加えて選ぶうえで大切なポイントがあります。

まず声を大にして言いたいのは、**アマチュアこそノーメッキのウエッジを使うべきだということ**。ハッキリ言ってノーメッキのウエッジが売れない理由がわかりません。

なぜノーメッキがいいかと言えば、答えは簡単。メッキしたウエッジはプロでも操作するのがむずかしいからです。打ったときにキャンキャン音がするセットもののウエッジは頭を抱えるほどむずかしい。ちょっとライが悪いところから打ち込むと「キャンッ!」と当たって飛んでしまいます。悪いライから強く打てないのはむずかしい証拠。僕でも距離が合いません。別の意味で「アマチュアは凄い!」って思います。

ノーメッキは手入れを怠るとヘッドが錆びるのでユーザーもメーカーも敬遠しますが、錆びてもいいんです。もちろん、鉄が膨張してフェースの溝が埋まってしまうのは論外ですが、色が変わる程度なら大丈夫。ただし、雨降りのあとびしょ濡れのまま拭かないでおくと、その日のうちに真っ赤になるので、水滴は拭いておく。濡れ雑巾で拭いたままくらいなら問題はありません。

シャフトが重くても ヘッドを少し軽くして振りやすいウエッジが理想

ノーメッキは打感のやわらかさもポイントですが、**「素材のやわらかさ＝打感のやわらかさ」というわけではありません**。たとえば、ボーケイとクリーブランドではクリーブランドのほうが素材はやわらかいらしいのですが、僕はボーケイのほうがやわらかく感じます。

これはフェース表面のミーリングの施し方が関係しているかもしれません。ミーリングが入るとボールの接触面積が少なくなりますから、そのほうがスピンはかからないと思います。反面、水滴がついた場合には隙間に水が逃げるので安定はするでしょう。

次に気をつけるべきは重量です。すでにクラブが軽すぎると述べましたが、それはウエッジでも同様。結論から言うと、**総重量は重くても振ったら重さを感じないのが理想のウエッジです**。

ウエッジはプロが細工する（削る）ことを考慮してヘッドを大きめにつくってあります。でも、アマチュアはそのまま使う方が大多数ですから、全体重量を軽くするために軽いシャフトを着けて売られています。するとヘッド側が重くなって振った時に重く感じる、いわゆるスイングバランスの重いウエッジになっています。数字で言うならD5あたりでしょう。

総重量が重くても「振りやすい」C9～D1のバランスがオススメ

プロが使っているウエッジの多くは、バランスがC9～D1あたり。アマチュア向けはD5くらいですから、この差を見てもいかにスイングバランスが重く、振りにくいウエッジになっているかがわかると思います。

「スイングバランスなんてわからない」という方がいますが、ウエッジならその気になって振れば誰でもわかります。プロなら2グラム（1ポイント）違えばわかる。アマチュアでも6グラム（3ポイント）違えば必ずわかります。

ということで、**プロのウエッジは全体重量こそあってもスイングバランスは比較的軽い**。シニア世代のアマチュアには50～60グラム台の軽いシャフトを着けている方も多いと思いますが、これがウエッジを操りづらくしている可能性があります。

ちなみに、僕のシャフトは120〜130グラムのスチール。アマチュアの方とは最大70グラムもの差があるのに、現実的には重いほうが振りやすいのです。

この感じ方はみなさんも同じはずですから、**ウエッジについてはプロもアマチュアも同じスペックでいい、というのが僕の持論**。打ち急いでトップしたり、ゆっくり振ってチャックリというのがアマチュアゴルファーのミスの典型ですが、これはウエッジが軽すぎて、いかようにも動かせるからなのです。

シャフトは
スチールで
110 〜 120グラム台
スイングバランスは
C9 〜 D1

軽いシャフトを装着したウエッジはスイングバランスが重くなるため操りづらいクラブになる

ヘッドが四角っぽいウエッジはやさしい

ウエッジはネックの形状によってストレート、セミグース、グースネックの3つに分けることができますが、**打ちやすさや構えやすさに影響するのは、ネック形状とトウとヒールのバランスです。**

簡単に言うと、構えた時にヘッドが全体的に四角っぽく見えるか、丸みを帯びて三角に見えるかの違い。四角型のほうがアマチュアの方にはやさしいと思います。なぜなら、ヒール側が重く、重心距離が長いため、フェースが開きづらいから。丸型のほうはトウ側に対してネック側が絞り込まれているのでトウ側が重い。このためフェースが開閉しやすいのです。

別の言い方をすれば、前者はボールがつかまりにくく、後者はつかまりやすいということ。最終的には自分の打ち方と相談して決めればいいでしょう。

ちなみに、打ち方とそれに合ったウエッジの選び方については98ページで紹介していますが、ネックの形状については、好みで選べばいいと思います。

ヘッドのシェイプが 四角

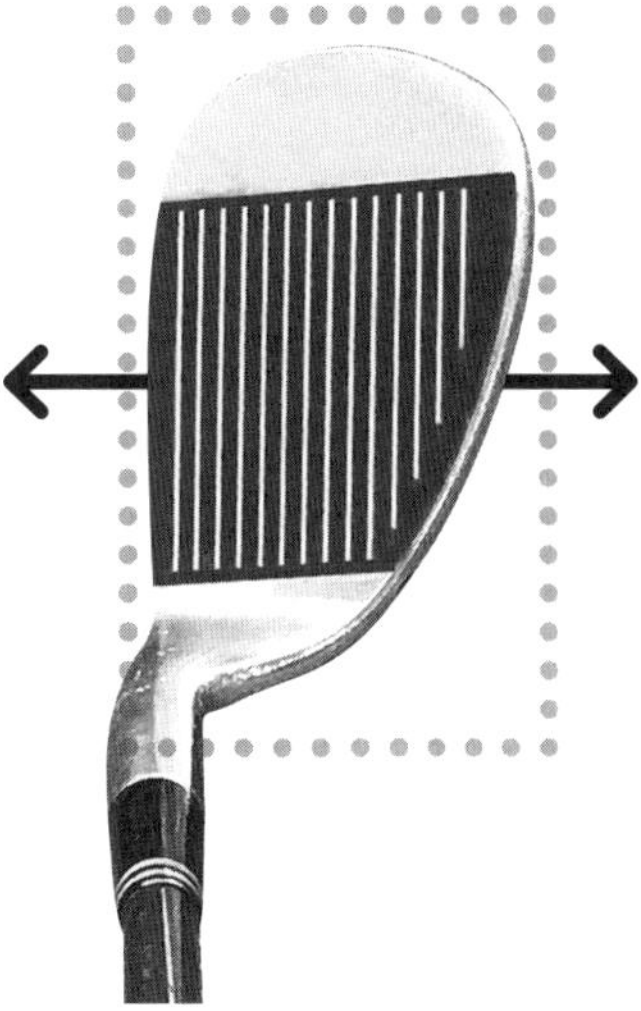

ヘッドシェイプが全体的に四角く見えるウエッジは、フェースが開閉しづらい

ヘッドのシェイプが 三角

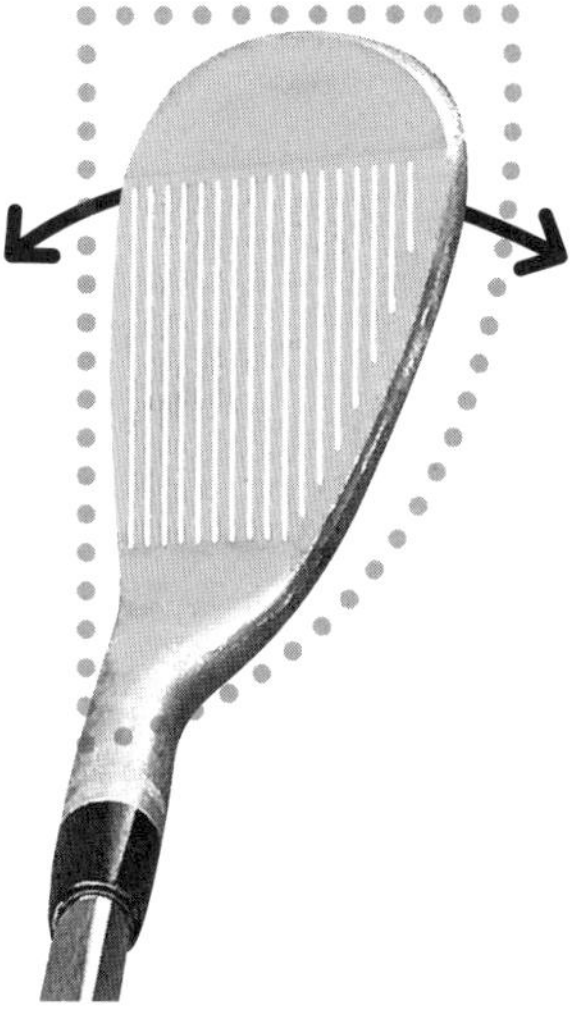

ネック側が絞れてヘッドシェイプが三角形に見えるウエッジは、フェースの開閉がしやすい

ウエッジにはバンスが欠かせない

バンスについても注意が必要です。バンスとはソールについた出っぱりのこと。大きく出っぱっているほど「バンス角が大きい」ウエッジになります。**バンスを使えると、ヘッドが少しくらい手前に落ちてダフってても大きなミスになりません**。バンスが地面に当たることでソールが芝の上を滑るため、リーディングエッジが地面に刺さらないのです。

バンスはフェースを開いて使うことによって、より効果を発揮します。その典型がバンカーショット。上から打ち込んでもヘッドがやわらかい砂に刺さらないのは、バンスが効いているからです。

ただ、打ち方によってバンスを使える打ち方と、それほど有効に使えない打ち方があることも事実。バンスはウエッジに欠かせないものですが、打ち方によって適正な大きさを

ソールについた出っぱりがバンス角。ヘッドが芝に刺さりづらくするもので、多かれ少なかれウエッジには欠かせない機能

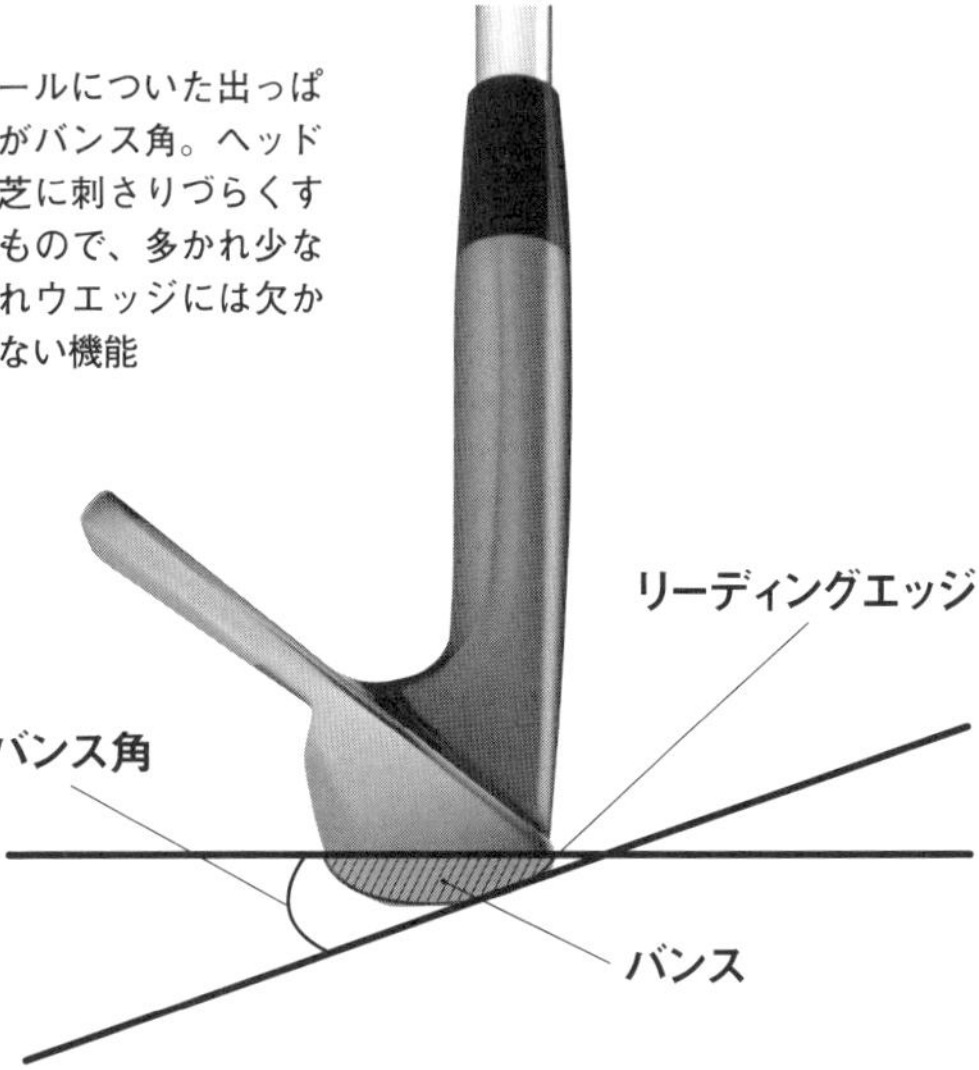

選ぶ必要があるということになります。

また、**バンス角については、表示されているより大きいことが多いようです。**

というのも、バンスの使い方を理解していない人が、打つ時にバンスが地面に跳ね返されると考えるから。そう考えている人はバンスの大きなウエッジを敬遠しますが、それでは余計にショットやアプローチをむずかしくしてしまう。そのため、苦肉の策で表示を小さくしているのでしょう。もちろん、芝が薄いライやベアグラウンドではバンスの効力を見込めませんが、それは僕たちプロとて同じです。

やわらかいグリップはシャフトがやわらかく感じる

グリップのフィッティングも大事です。**ツルツル滑るグリップだと、腕の外側の筋肉を使ってリキんで持たなければならないので飛距離が落ちます。**

結論的には「やわらかすぎず、硬すぎず」がベストですが、感じ方は人によって違いますから意外と奥が深い。実際、僕もグリップはよほど信用できる人でないと交換を任せられません。結局、自分でやり直すことになりますから。

グリップをやわらかくするとシャフトもやわらかく感じます。だから切り返しが速い人は、グリップは硬めがいい。ダウンスイングでシャフトがギュっとしなるジャンボさんや伊澤利光プロはコード入りのグリップを使っていました。

僕もウッドはグリップに衝撃がかかるので剛性の高いコード入りを使い、アイアンではラバーを使っています。シャフトがしなってボールが上がりやすい感じがするからです。アイアンが硬いコード入りだと手にマメができてしまいます。

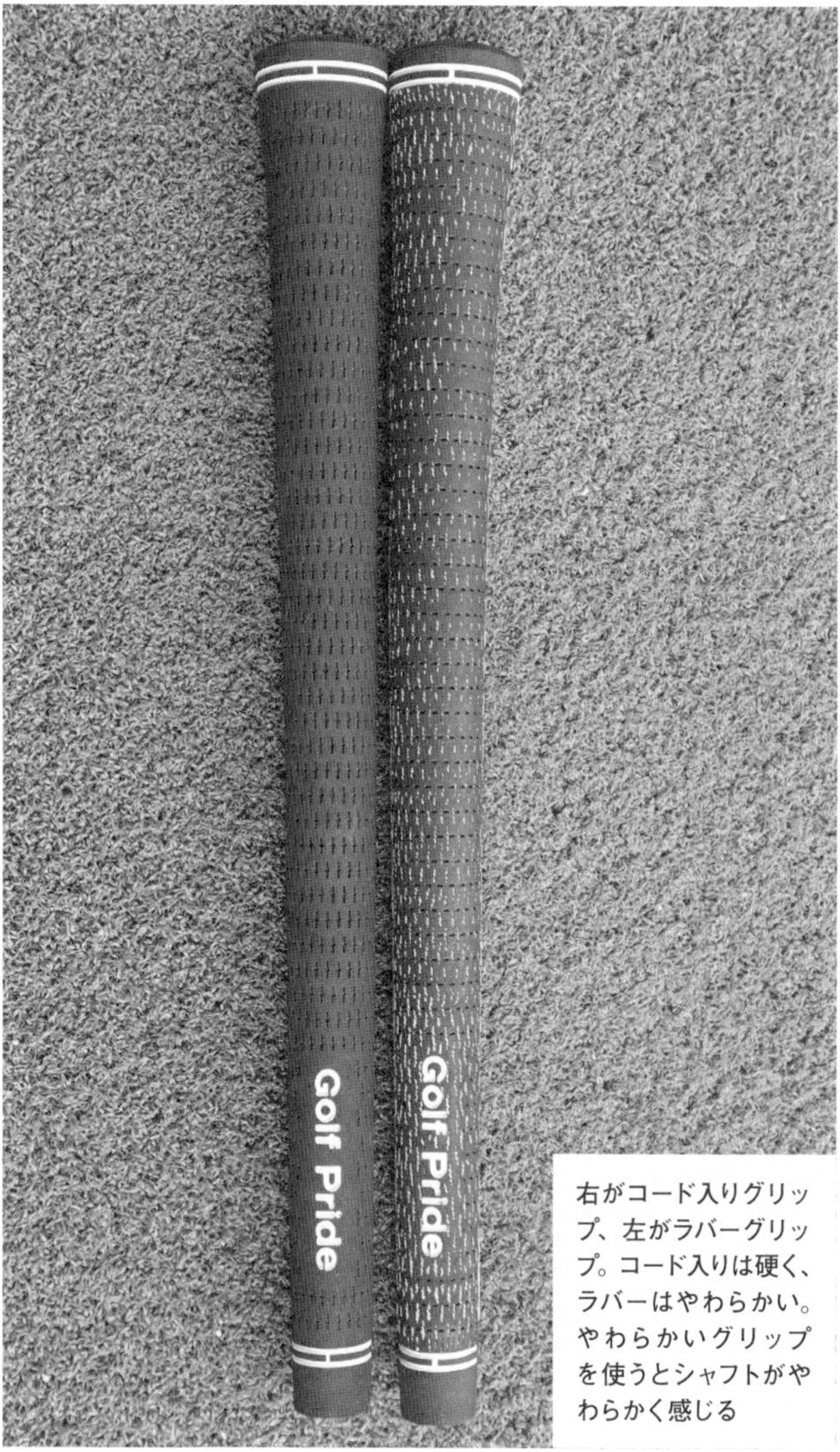

右がコード入りグリップ、左がラバーグリップ。コード入りは硬く、ラバーはやわらかい。やわらかいグリップを使うとシャフトがやわらかく感じる

パットは道具よりも観察力と情報収集力が大事

パットの巧拙はスコアを左右する大きな要素ですが、**パター選びについては、あまり考えなくていいと思います。**「好きなプロが使っている」「直感的にいいと思った」など、どんな理由で選んでもかまいません。なぜなら**パットで一番大切なのは、ギアやスキルではなく、状況を読む力だから。**とりわけ大事なのは、ラインのリーディングです。

ラインを読む時には、グリーンおよびグリーン周辺で一番低い場所に移動します。平らに感じるグリーンでも「ここが一番低い」というところに足を運び、そこから傾斜を見ること。これは真っ平らで傾斜が読みづらい大洗ゴルフ倶楽部のキャディさんに教えてもらったことです。高層ビルの屋上から隣のビルが何階建てかを見るよりは、下から見たほうがずっとわかりやすいのと同じです。

ラインを読む際はグリーンの低いところに移動する。受けグリーンが多い日本のコースでは花道側から見ることになるケースが多いが、必ず全体を見渡して探すこと

また「山から芝目がきている」「海に向かって芝目が向いている」などとよく言われますが、**芝目は基本的に傾斜と同じ方向に向くので、つまるところは傾斜が影響している。**

どこかの方角に山があったら、山を背にして下り傾斜があると考えるのが基本です。

周囲に山があるコースでは、グリーンが平らに見えても実は山を背にして下っていることがよくあります。山から傾斜している地盤で本当にグリーンが平らだったら、目の錯覚で山に向かって下りに見えるはず。富士山麓のゴルフ場のグリーンはその典型です。

さらに河川敷のゴルフ場は、わずかに下流に向かって傾斜しています。平らに見えても下流側に向かって切れることが結構あります。

グリーンの色もラインを読む拠り所になります。たとえば真っすぐに見えたとしたら、そのラインの左右の色を見ます。**もしラインの右側が白っぽくて、左側が黒っぽかったら右に切れます。白っぽいほうに向かって傾斜と芝目が行っているということです。**

僕はキャディさんに「真っすぐ打ってください」と言われるのが一番イヤで、切れるとしたらどっちなのかを知りたいのですが、そんな時、「白っぽいほうに向かって速いから

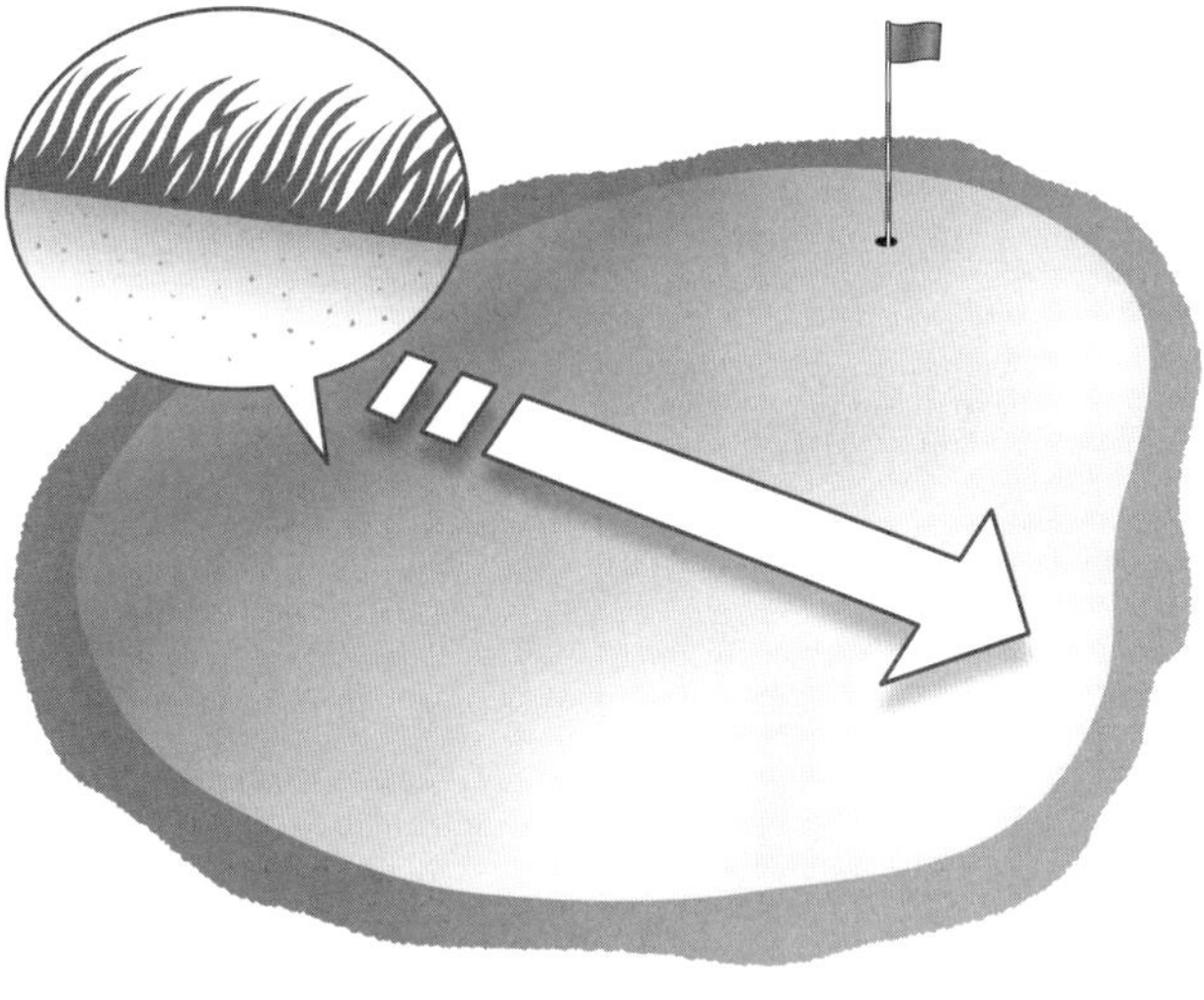

山があればそれを背にして下り、河川敷のコースでは下流側に向かって下っているのが傾斜の基本。違って見えたら入念に読む。また、グリーン面が白っぽいほうに向かって速く、黒く見える方に向かって遅い

切れるならそっち」と考えると打ちやすくなります。下りのラインでも黒っぽかったら「意外と速くない」と判断します。

最終的な情報は多すぎないほうがいい

世界的なショートゲームのティーチングプロ、デイブ・ペルツ氏にアメリカでパッティングの講習を受けたとき**「パット・イズ・アート」**と言われました。いろいろなテクニックも教えてもらいましたが、最後の最後で「パット・イズ・アート」。「え、そこなの？」と思いましたが、よく考えてみると思い当たるふしがあります。

プロアマ戦でアマチュアの方に「プロ、どんな感じ？」とラインを聞かれた時、本当なら「見た目どおりです」と僕は言いたい。それ以上正確な情報はないと思うからです。アマチュアの方が「上りで順目。やや速くてワンカップスライス」といったアドバイスを欲しがっていることはもちろんわかります。でも、ワンカップの定義は人によって違いますし、僕が「やや速い」と言ってもどれだけ速いかは僕の感覚で、他の人には伝わりません。脳科学的に見ても、情報は多すぎないほうがいいことが証明されている。PGAツアーでパットの名手と謳われたデイブ・ストックトンが、**「あまり考えずナチュラルに打て」**と言うのもその証左です。

アマチュア方にしてみれば「基準が欲しい」ということだと思いますが、だとしても基準とは何でしょう？　基準を得るために、2メートルのパットはツマ先まで、10メートルなら8時の位置までテークバックでヘッドを引く、といった方法をとる人もいますが、それはそれで簡単ではありません。動く速さが変われば夕ッチは変わるし、何よりグリーンにはひとつとして同じ状況がないのです。

結局、決め事が多いほど、どんどんむずかしい方向に行ってしまう。その意味では、打つ前の素振りもしないほうがいいと思うくらいです。2メートルと10メートルを打つときに生じる感覚の違いは誰にでもあるのですから、それを頼りにすればいいのです。

ただし、**スタート前に感覚を叩き込む作業は絶対に必要ですから、朝のパッティンググリーンの練習は非常に大切。なるべくロングパットをたくさんやって、傾斜や距離に対す**

る感覚を叩き込みましょう。

ショートパットはリズムがどうでも打てますが、ロングパットはリズムよくストロークできないとタッチが合いません。朝の練習グリーンでは10メートルくらいのパットをいろいろな方向から打ち、なるべく2パットでホールアウトする。この練習を10分もやれば、その日のパット数はずいぶん変わるはずです。

また、ロングパットはグリーン全体の傾斜を感覚器官に叩き込むにはもってこいです。

スタート前のパット練習では距離の感覚を叩き込む。10メートル前後のロングパットを2パットで上がる練習をやるのがオススメ

飛ぶようになっているのはクラブよりボール

ゴルファーは皆クラブが進化していると信じていますが、年々飛ぶようになっているかと言えば、必ずしもそうでもありません。

実際のところ、一番飛ぶようになっているのはクラブではなく、ボールのほうです。ボールは確実に飛ぶようになっていますから、まとめ買いはやめたほうがいい。一気に20ダース買っていつまでもなくならず、気がついたら10年前のボール使っていた、なんていうのは最悪です。

ボールがどこを目指しているかと言えば、長いクラブで打った時のスピン量をどれだけ減らせるか。開発者はここに命をかけていますが、そろそろ限界が見えてきたようです。

たとえば、A社は2015年にスピン量を落としすぎたので17年モデルで元に戻しました。ドライバーの場合、毎分2000回転前後のスピン量が一番飛びます。2000回転後半になるとちょっと飛距離をロスし、1500回転まで落ちると失速して飛びませんが、1800回転くらいまでなら飛びます。

2010年頃は飛んでいる最中にスピンが効いていたので、打った瞬間にティを拾えました。打球がどこに飛んだのかすぐにわかったからです。ところが2015年になると空中でスピンがなくなって、打球が木の葉のように揺れはじめました。横から風がくるとフワッと持って行かれたりしたのです。そうなるとスピン量が落ちすぎでもう限界。ピストルの銃弾にしても銃口からスクリューのように弾が回って出るから飛ぶわけで、無回転ではどこに飛ぶかわかりません。

「パチン」と打つかフェースにボールを乗せて打つか

ボールには鉄ゴマの原理でスピンがかかります。鉄ゴマがどうしてずっと回っていられるかと言えば、外側が鉄でそこに比重があるから。ボールも同様でカバー側の比重が重いとスピンを維持できます。

しかし、ボールの特許は半端なくせめぎ合っています。そのため、カバーに新素材を入れようとしても、新しいメーカーは入り込む隙間がありません。

ボールがやわらかいと距離の短いショットでは止まります。「飛んで止まる」はありえないのですが、それでも「飛んで止まる」というのは、ボールの中心部分を高反発のエリアにするから。そうするとウエッジで打った場合はボールがそこまでつぶれません。でもドライバーだと高反発エリアの中心までつぶれるから、それが使えるという理屈になるわけです。

理論的には「飛んで止まる」という話になりますが、そこに到達した段階でターボみたいにブワーッと反発します。**そのため最近のボールは、ショートアイアンでもヘッドスピードを上げて強くアタックするとポーンと離れてしまいます。**糸巻きボールの時代に青木さんが得意としていた、強めにヒットして飛ばさないという打ち方はできなくなっているのです。

たとえば、以前は沈んだライから打つときに強く当てても距離を殺せたのですが、最近のボールではそれができません。総じて強く打って「キュキュキュ！」とスピンをきかせたい人には向かなくなってしまいました。

タイガー・ウッズも反発が少ないスピン系のボールを使っていますが、それゆえ抱えるジレンマもある。ヘッドスピードが速くて「パチン！」と打つ人は、高反発エリアがゆるいスピン系が合うのですが、そのぶんアプローチでスピンコントロールができないのです。反対に「バチン！」とやらないで、ゆっくりとポーンとフェースに乗せて運ぶ打ち方の人は、ディスタンス系のボールが使えるようになりました。

グリップに合ったスイングがあり、スイングに合ったクラブがある

クラブ、グリップ、スイングをそろえる

PART 2

横田メソッド
YOKOTA METHOD

クラブを斜めに握るか、真っすぐ握るか

道具を正しく扱うには、それにふさわしい使い方をしなければなりません。扱いやすいようにお箸を持てないとご飯が食べづらいように、クラブにも使い方に合った持ち方があります。まずはそれができているかどうか検証してみましょう。手順は次のとおりです。

①いつもやっているようにグリップする
②握った手を開く
③クラブのグリップ部分が左手に対して斜めに乗っているか、直角に近い形で乗っているか確認する

とりあえずここまででＯＫ。**自分が左手のひらに対して斜めにクラブを置くタイプか直角気味に置くタイプかだけを把握してください。**

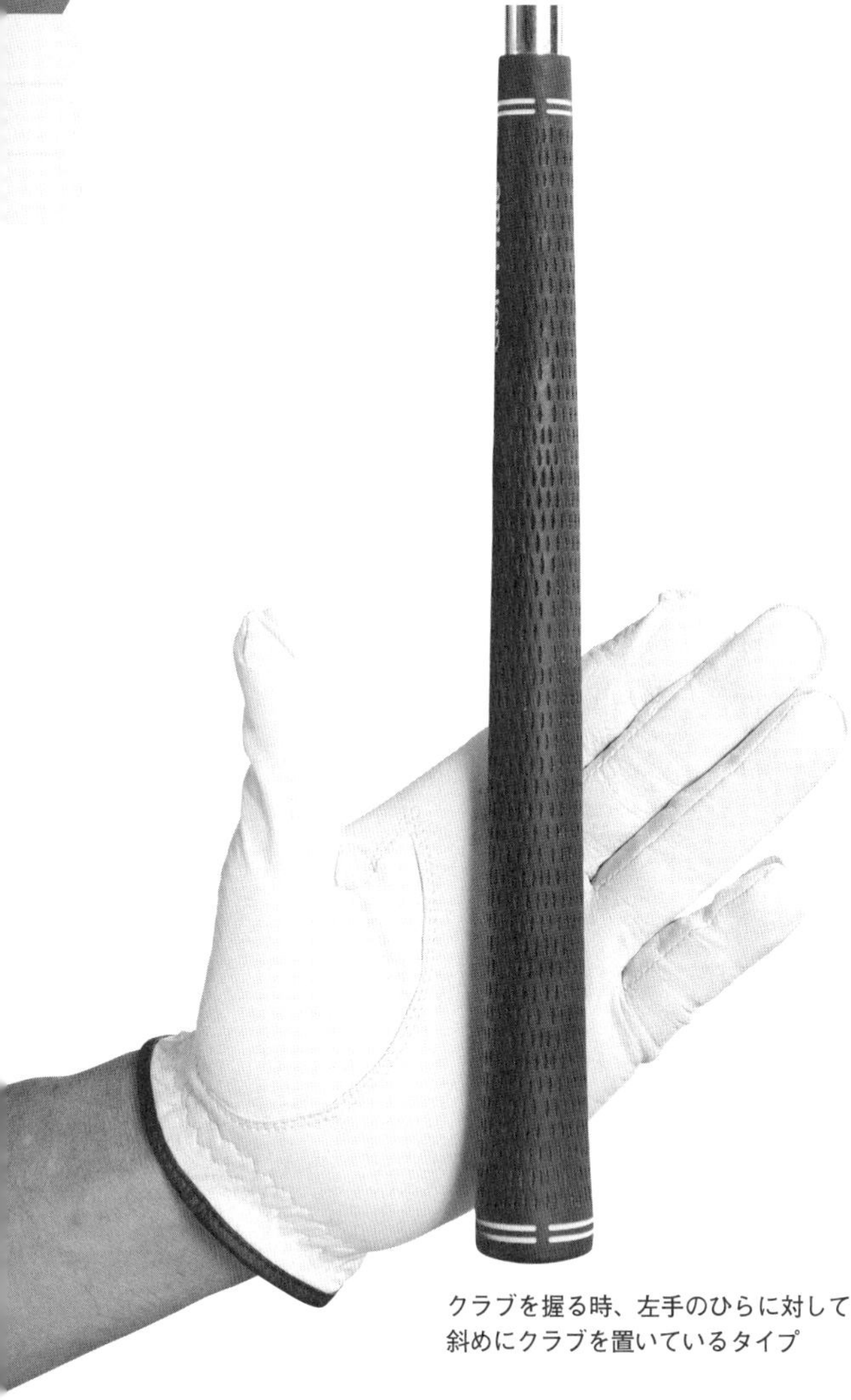

クラブを握る時、左手のひらに対して
斜めにクラブを置いているタイプ

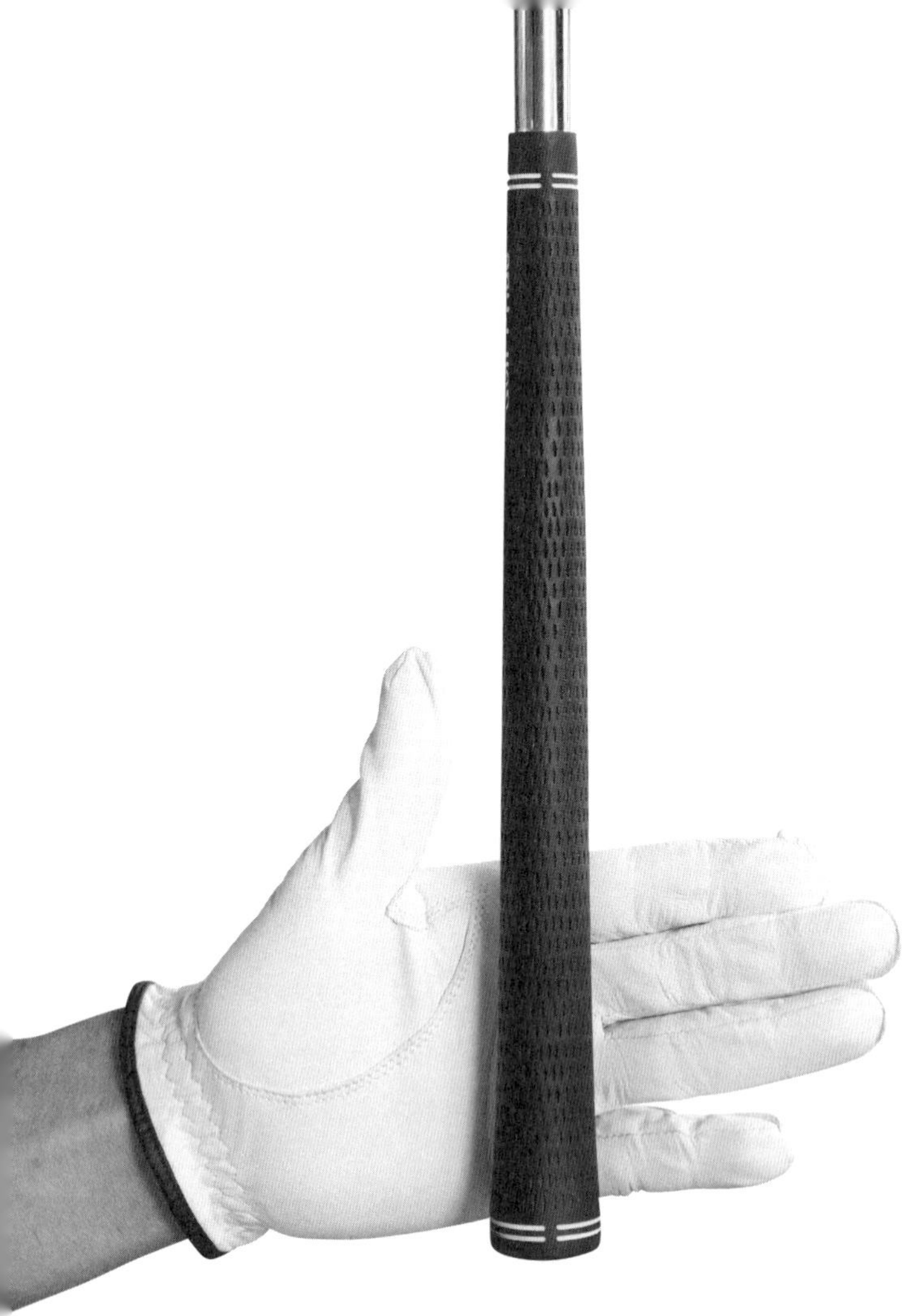

クラブを握る時、左手のひらに対した
直角気味にクラブを置いているタイプ

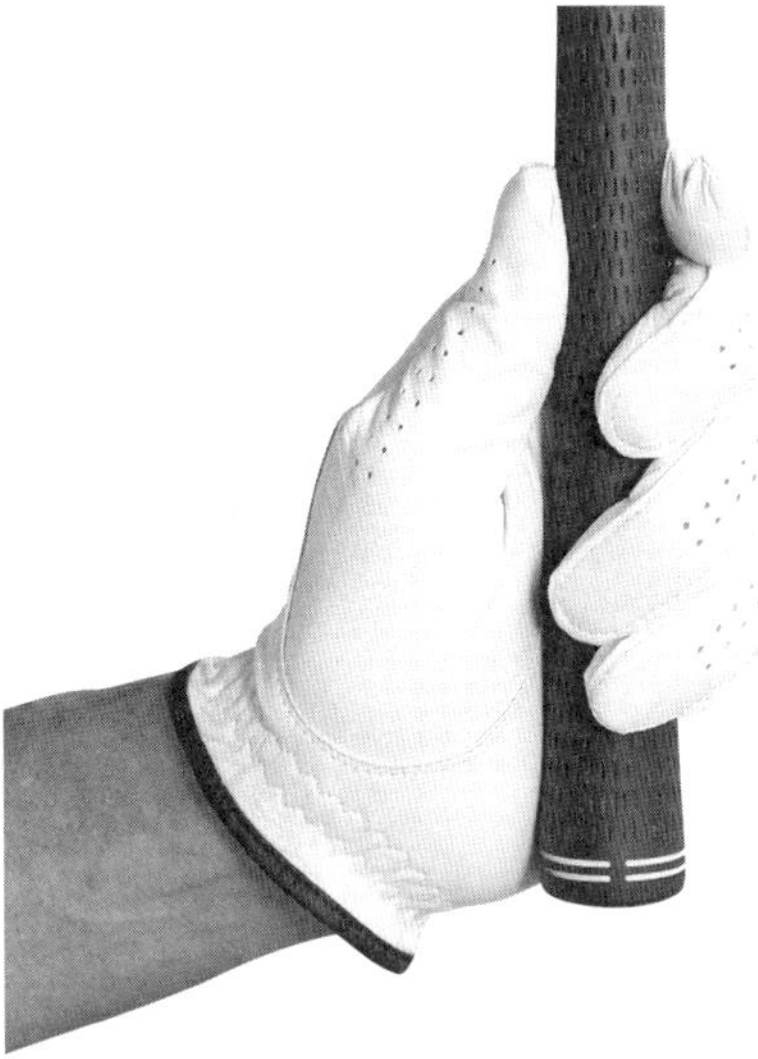

斜めに握る

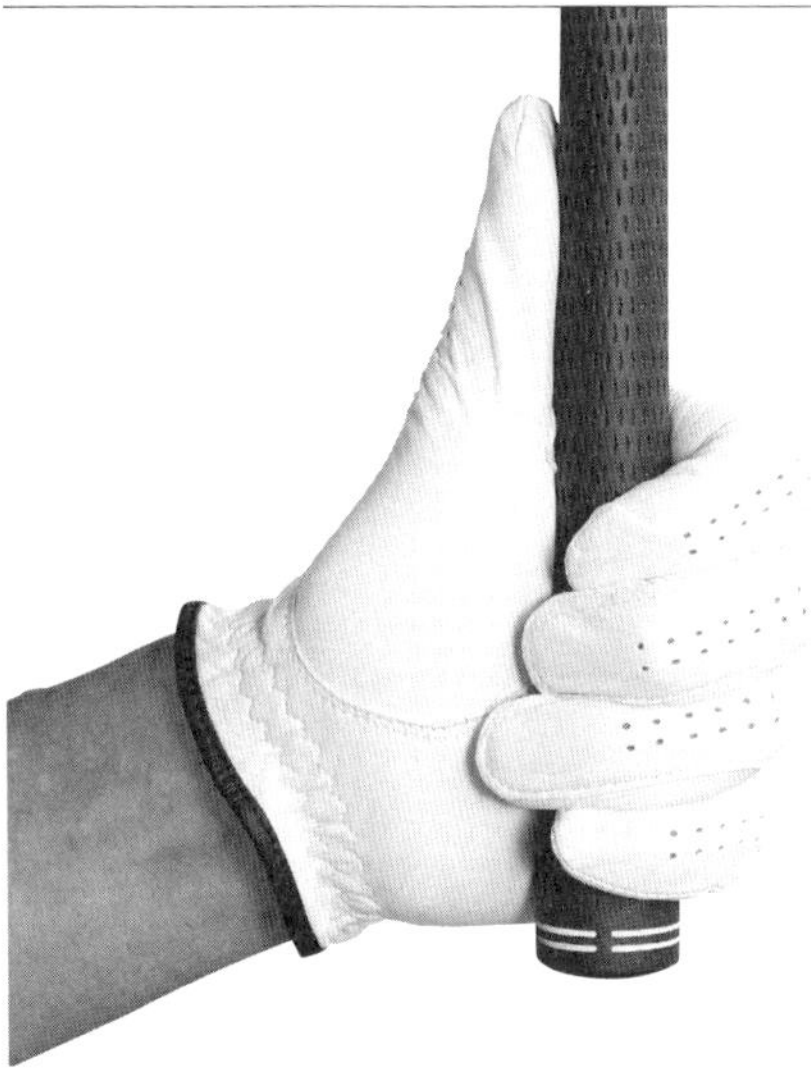

直角気味に握る

ノーコックか、コックを使うか

クラブを斜めに持っているか、直角気味に持っているかを把握できたら、そのままのグリップでアドレスし、いつもやっているようにテークバック。ハーフスイングをする感じでグリップエンドが右腰の高さまでくるくらい動いたら、そこで止めてください。

ここで確認していただきたいのは、**その位置までクラブを動かしたときに手首が折れて**

いるかいないかです。止めた状態で確認できなければ、誰かに手首が折れているか見てもらってもOK。もちろん動画を撮って確認してもかまいません。

右腰の高さにグリップがきたときに手首が折れない人は、クラブヘッドがグリップと同じかやや高い位置にあります。これに対して手首が折れる人は、クラブヘッドが腰よりはるかに高い位置にあります。ここでは、前者をノーコックタイプ、後者を手首のコックを使うタイプ（コックタイプ）として話を進めます。

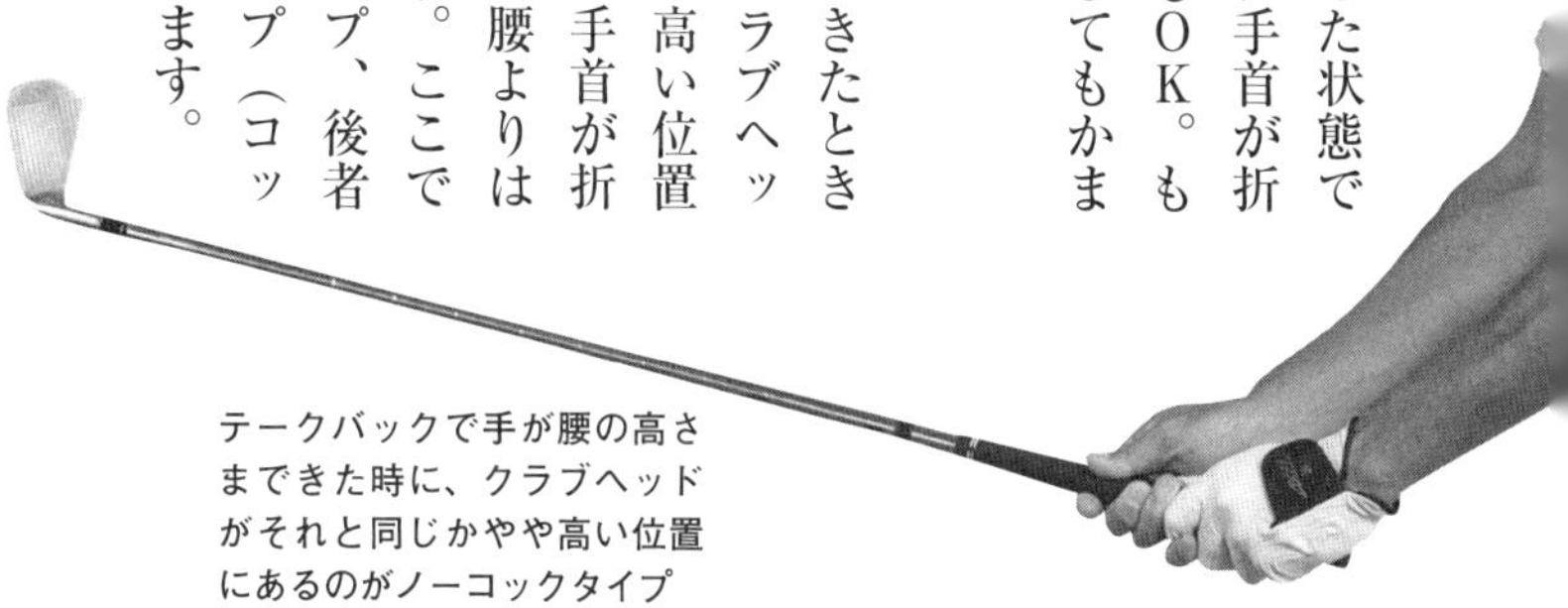

テークバックで手が腰の高さまできた時に、クラブヘッドがそれと同じかやや高い位置にあるのがノーコックタイプ

ノーコックタイプはヘッドがこの位置にくる

テークバックで手が腰の高さまできた時に、クラブヘッドが肩よりも高い位置に上がるのがコックタイプ

コックタイプはヘッド
位置が肩より高くなる

斜めに握るとコックが使いづらい

テークバックでノーコックタイプか、手首をコックするタイプかが確認できたら、手のひらに対してどのようにクラブを置いていたか、もう一度確認します。

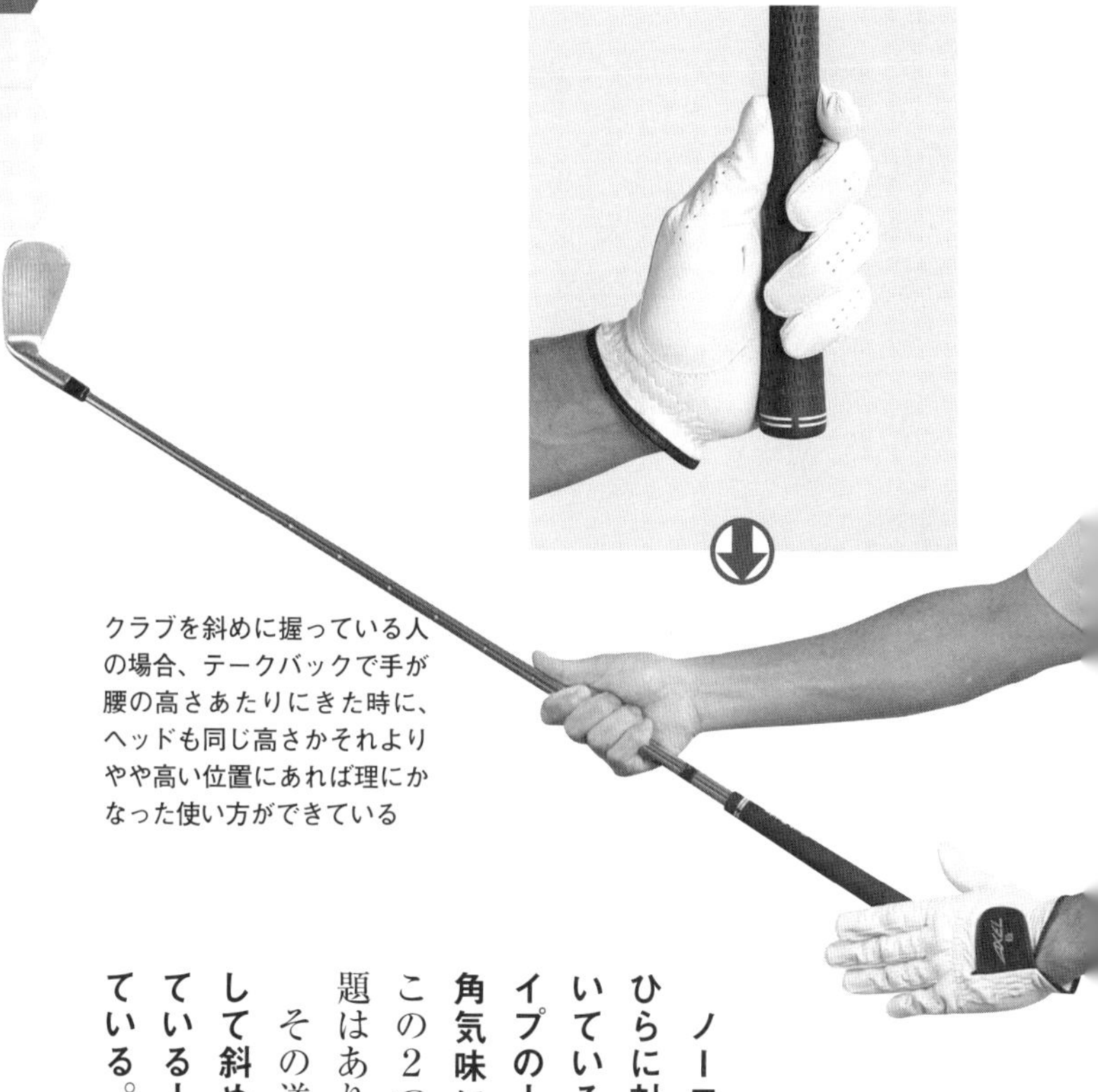

クラブを斜めに握っている人の場合、テークバックで手が腰の高さあたりにきた時に、ヘッドも同じ高さかそれよりやや高い位置にあれば理にかなった使い方ができている

ノーコックタイプの人が手のひらに対して斜めにクラブを置いている、もしくは、コックタイプの人が手のひらに対して直角気味にクラブを置いている。この2つのパターンであれば問題はありません。

　その逆、**つまり手のひらに対して斜めにクラブを置いて握っている人が手首のコックを使っている。**あるいは、**手のひらに**

対して直角気味にクラブを置いて握っている人がノーコックでクラブを動かしていたら問題ありです。

なぜなら、手のひらに対して斜めにクラブを置くと手首のコックが使いづらく、直角気味に置くとノーコックでは動かしづらいから。関節の機能から見た場合にグリップの仕方と手首の使い方がミスマッチになっています。

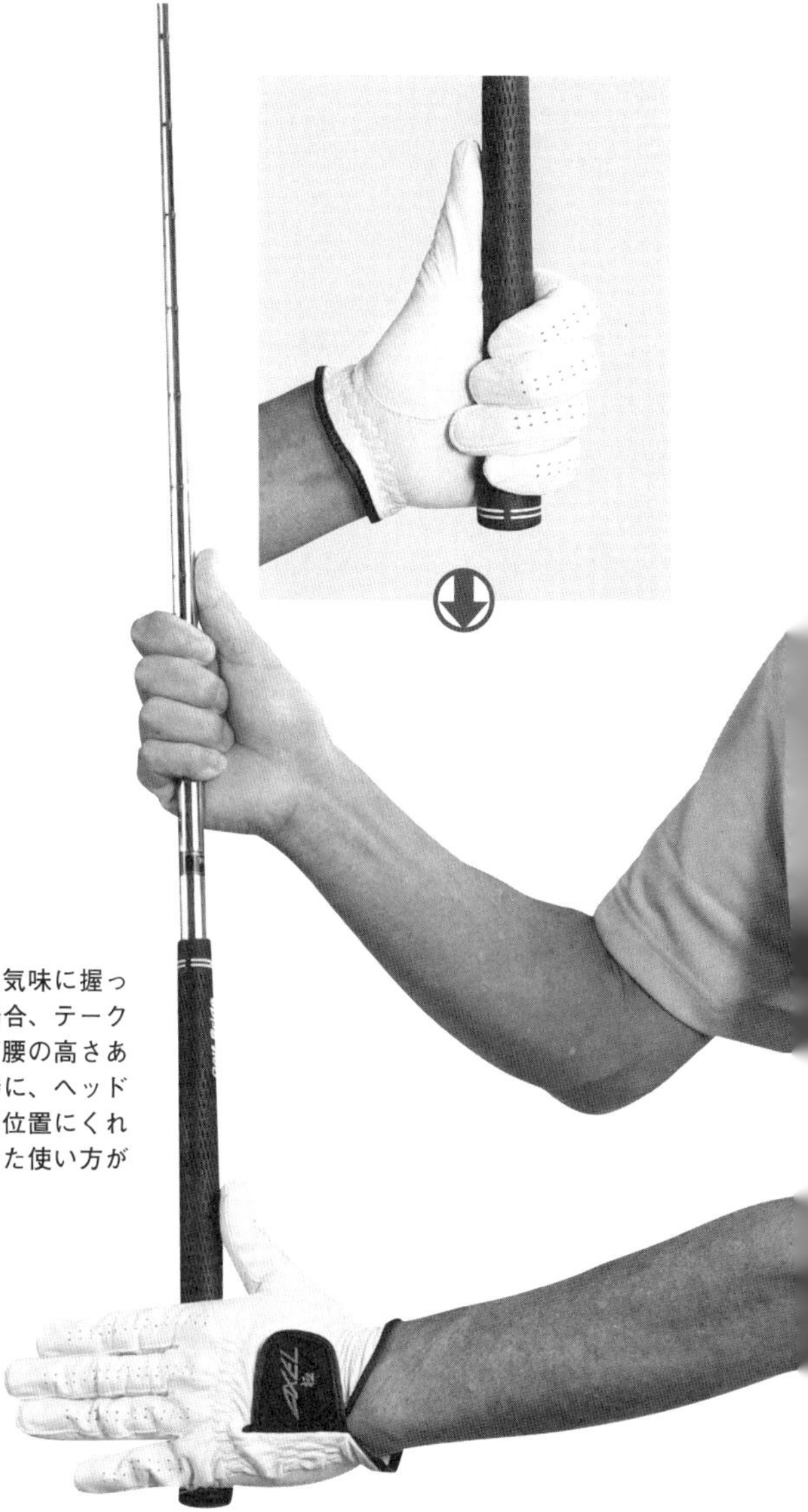

クラブを直角気味に握っている人の場合、テークバックで手が腰の高さあたりにきた時に、ヘッドが肩より高い位置にくれば理にかなった使い方ができている

コックタイプはV字軌道

グリップする時のクラブの置き方と振り方を合わせることで、関節の機能を生かした効率的なスイングができます。

手首のコックを使ってスイングする人は、テークバックでクラブヘッドが鋭角的に上がり、同様に鋭角的にヘッドが下りてくる。**ダウンスイングでシャフトが立つような形になって、ボールに対して上からヘッドが入るV字軌道になります。**

手が動く量に比べて、クラブの運動量がはるかに多いですから切り返しからダウンスイング時のヘッドスピードが速く、インパクトでしっかりボールをとらえます。ボールを〝パチン〟と打つのが、このタイプのスイングの特徴と言えるでしょう。

このタイプの人に「手首を使わない」「ボールをゾーンでとらえる」といった類のアドバイスは基本的には合いません。

コックを使うとヘッドが鋭角的に上がり、ヘッドの重みによってクラブが鋭角的に下りる形に。ヘッドが上から入るので、"パチン"と当たるインパクトになる

コックタイプは手の運動量に比べてクラブの運動量がはるかに多いスイングになる。切り返しからダウンスイングのスピードが速く、V字軌道のスイングに。インパクト重視でパチンと打つ

コックタイプのダウンスイング

ノーコックタイプはゆるやかな軌道

ノーコックタイプの場合、コックタイプほど手とクラブヘッドの運動量の差が大きくありません。テークバックでクラブが上がる角度がゆるやかなのはそのためです。また、ダウンスイングでもクラブヘッドの下降角度はそれほど鋭角にならないので、切り返す時のスピードが速くありません。

その結果、ヘッドが芝を滑るように下りてボールをとらえます。**インパクトでボールをつかまえるというよりは、スイングの過程でボールを拾っていくレベルブローのイメージ。**ターフは取れても入射角はゆるやかです。

このタイプの人には「ヘッドを上から入れてボールをつかまえる」「パチンとヒットしろ」といったアドバイスは合いません。ボールを打つことよりは、スイングすることを優先したほうがミスになりづらいと言えるでしょう。

コックを使わないとテークバックでヘッドがゆるやかに上がる。ダウンスイングでもヘッドの降下角度は鋭角にならず、ヘッドが芝を滑るように下りてボールをとらえる

ノーコックタイプの場合、手とクラブヘッドの運動量の差が比較的小さいため、ヘッドが動く過程の、長いゾーンでボールをとらえるイメージのスイングになる

ノーコックタイプのダウンスイング

コックタイプはバンカーショットが得意

コックを使って打つタイプとノーコックタイプの特徴をもうひとつ挙げるなら、前者はカット打ちが得意で、後者はそれほどでもありません。

わかりやすいのはバンカーショット。バンカーではダウンスイングでクラブを鋭角的にドスンと下ろし、砂のエクスプロージョンでボールを出しますが、これはコックを使う動きそのもの。カット軌道のスイングも気になりません。

これに対して、ノーコックタイプはスイング軌道のコントロールが必要。狙ったところにヘッドを落とせず、ライが悪いとダフったりホームランになる傾向があるため、ヘッドが上から入る軌道にしなければならないのです。

これはバンスの少ないウエッジを使ったり、左足体重で構えることで対応できます。

スイングリズムはコックタイプが速め、ノーコックがゆったり

また、2つのタイプではスイングリズムも違ってきます。**コックを使うと手がクイックに動くのでリズムが幾分速くなります。**

これに対して手首の角度を変えずに振る**ノーコックタイプは片山晋呉プロが代表的で、動きがあまり速くならない**。手を積極的に使わないことを〝デッドハンド〟と言いますが、このように振るとバックスイングサイドとフォローサイドが等速になり、片山プロや手嶋プロのようにバランスのいいスイングになります。

コックタイプの人はタイガー・ウッズのように、どちらかと言えばスピーディに、ノーコックタイプならゆったりのスイングリズムをイメージしながら打つといいでしょう。

タイガータイプ

ヘッドが鋭角的に下りるコックタイプのスイングは、バンカーショットを苦にしない

片山タイプ

ヘッド軌道がゆるやかなノーコックスイングは、ヘッドを上から入れるのが苦手

[打ち方別]ウッドとユーティリティのセレクト

ウッドはディープフェースかシャローフェースか

当然のごとく、打ち方のタイプは道具にも影響します。手首のコックを使う人にも、ノーコックの人にも、それぞれの打ち方に向いたクラブやボールがあるということです。

まずドライバーですが、コックを使うタイプはトップからダウンスイングに移る時のスピードが速く、ダウンスイングで手首が折れて、インパクトに向かってヘッドを鋭角的に下ろしていく傾向があります。そのためスイング軌道は基本ダウンブローです。もちろんダウンブローでボールをとらえたらドライバーではテンプラになりますから、**左寄りに置いたボールをヘッドの上昇過程でとらえます。**

このようなスイングには、**フェースに厚みのあるディープフェースのウッドが向いています。**ダウンブローの軌道でヘッドを動かしていき、ロフト角を変えないまま振れば左のボールに対してアッパーブローでインパクトできる。縦幅のあるフェースを有効に使えて打ち出し角を高くできます。

これに対し、**ノーコック気味にスイングする人には、シャローフェースのウッドが向きます**。ノーコックタイプのスイングは「パチン！」とインパクトするというよりはボールを拾っていく感じ。ダウンブローではなくレベルブローと言ってもいいでしょう。

もちろん、アッパー軌道でボールをとらえることに変わりはありませんが、インパクトに向かってヘッドの入射角がゆるやかなので、ヘッドが下から入ってきます。シャローフェースのドライバーは、ヘッドの重心位置が低いためボールが上がりやすい。比較的低い位置からヘッドが入るタイプに適しているというわけです。

コックはユーティリティ、ノーコックはフェアウェイウッド

フェアウェイウッドとユーティリティについては46ページに記したとおりの理由で、**コ**

ックを使うタイプはユーティリティ、ノーコックタイプはフェアウェイウッドが向いています。

ただ、アマチュアの場合、ユーティリティではカバーできない距離があるので、自分の打ち方を考慮したうえで両者の本数を整えましょう。たとえば、コックタイプならウッドは3番だけで、あとはユーティリティでもいい。ノーコックタイプであればすべてウッドで構成するといった具合です。

最近のウッドやユーティリティは打ちやすくなっていて、アイアンは6番から、という女子プロも多くなっています。パート1で記したクラブ選びの基本さえ守っていれば、このような構成でセッティングするのもいいでしょう。

［打ち方別］アイアンのセレクト

自分の「こう打ちたい」にしたがってバンスを基準に選択

今どきのアイアンはヘッドのバリエーションが豊富です。ヘッドの肉厚が薄いマッスルバックやバックフェースがえぐれたキャビティバック、さらには両者の中間に位置するハーフキャビティといった違いがあれば、フェース部分の素材を変えた複合素材のモデルもある。ヘッドの大きさもさまざまです。

しかし、パート1でお話ししたフェースの向きと重さの条件さえクリアしていただければ構造やヘッドの大きさはどうでもいい。簡単に言うと、**プロモデルをつくっているメーカーのアイアンなら誰でも問題なく使えます**。プロは決してむずかしいクラブを使いません。ですからプロが使うクラブをつくっているメーカーのアイアンなら安心なのです。

ひとつ言えるのは、打ち方によってイメージどおりのボールが出やすいアイアンと、そうでないものがあること。具体的には上から打ち込みたい人に向くものと、横から払い打ちたい人に向くものがあります。

この差を生むのはバンス角。バンスというとウエッジの専売特許のように思うかもしれませんが、アイアンにはみなバンスがある。ウエッジと違って視認しづらいだけです。

バンスがあるアイアンは打ち込むスイングに向きます。かつてジャンボさんが使っていたモデルがそうで、いまでも愛用するプロが多くいます。これに対し、**バンスの少ないアイアンは払い打つスタイルに向く**。スクープソールと呼ばれ、ソール幅が比較的広くつくられています。全盛時つねにパーオン率1位でアイアンの名手と言われた湯原信光プロは、このスタイルのアイアンを使っていました。

基本的にはどちらも使えるので、選ぶにあたってそれほどナーバスになる必要はありません。「こう打ちたい」というイメージにしたがって選べばいいでしょう。

[打ち方別]ウエッジのセレクト

コック使いはハイバンス、ノーコックはローバンス

ウエッジの特徴と選び方についてはパート1で詳述しましたので、ここではコックを使うタイプとノーコックタイプ、それぞれの打ち方に適したウエッジについて紹介します。

ポイントは一点、バンスの大きさです。**コックを使って打つタイプにはバンスの大きいウエッジ(ハイバンス)、ノーコックで打つタイプにはバンスの小さいウエッジ(ローバンス)が向きます**。

コックを使って打つとダウンスイングでヘッドが鋭角的かつ強めに入りますが、ハイバンスならソールが芝の上を滑るので多少ダフっても大丈夫。しかし、ノーコックでスイープに打つと、ヘッドがあまり強く入らないので地面で跳ね返るリスクがあります。このため、ノーコックタイプのスイングにはローバンスのウエッジが向きます。ロフト56度のウエッジなら10度より多いか少ないかで判断するといいでしょう。

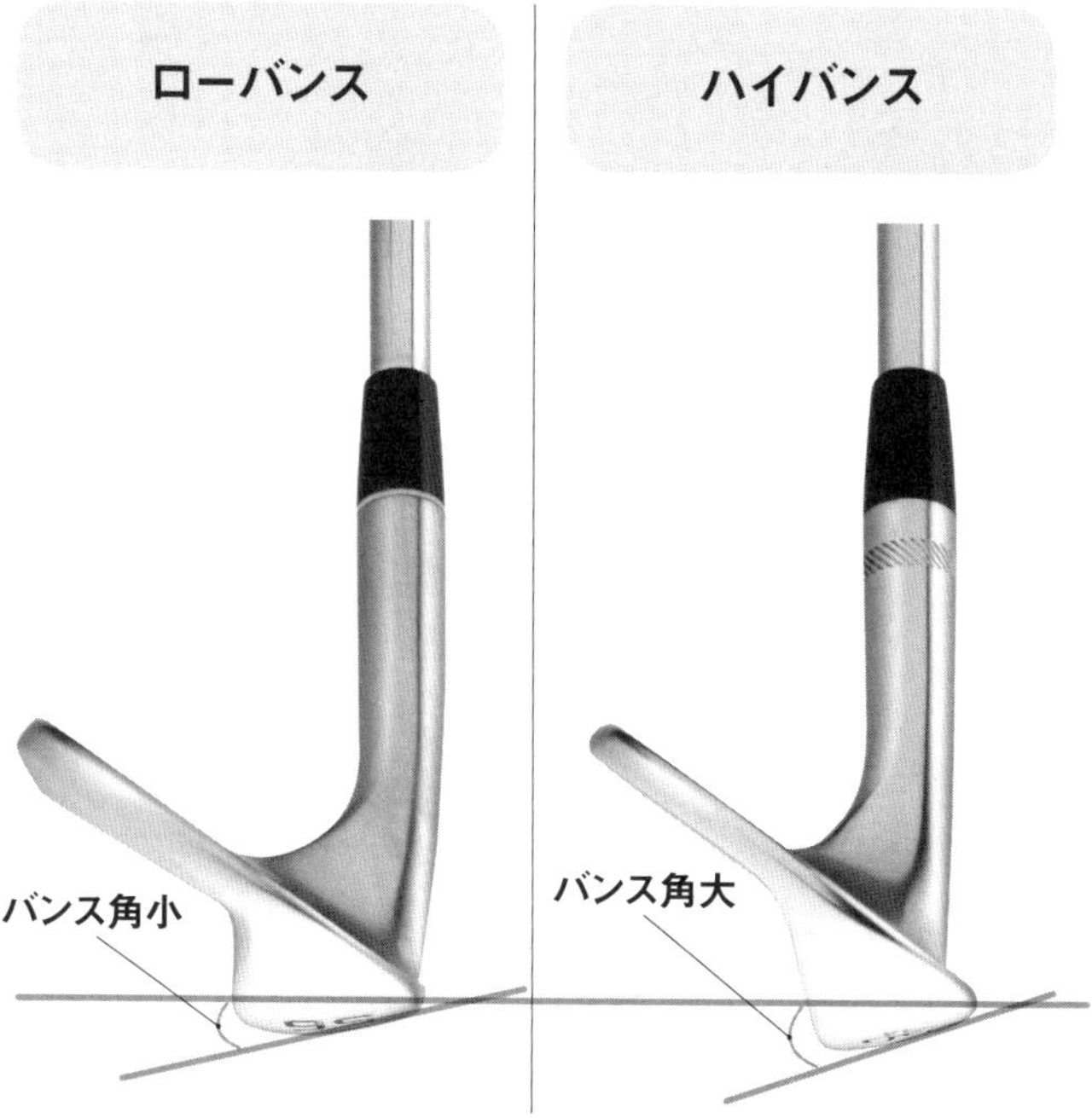

インパクトに向かってヘッドが上から入るコックタイプは、バンスが大きくないとヘッドが芝に潜りすぎてしまう。一方、ノーコックタイプはバンスによってヘッドが跳ね返されるリスクがあるため、バンスの少ないウエッジが向く

［打ち方別］ボールセレクト

コックタイプはスピン系、ノーコックはディスタンス系

昨今はヘッドスピード別にセレクトできるボールもあるようですが、大きく分けるとスピン系とディスタンス系の2つになります。同じ系統のボールでも素材や構造などは一様ではありません。

そのため、同じ土俵で比較対照するのがむずかしいですが、総じてスピン系はカバーがやわらかく、ディスタンス系は硬いと考えればいい。同時にやわらかいボールは止まりやすく、硬いボールは飛ぶという認識でいいでしょう。

打ち方的に見ると、コックを使うタイプはスピン系、ノーコックタイプはディスタンス系が向きます。

そもそもコックタイプはスピンを有効利用したいタイプ。ダウンスイングでヘッドが鋭角的に入るほどスピンがかかる。その特性を活かすには、カバーのやわらかいスピン系のボールでなければいけない。**まずスピン性能ありき。そのカテゴリーで飛ぶボールを見つ**

けることでパフォーマンスのアップが期待できます。

一方、ボールをサラッと払い気味に打っていくノーコックタイプは、ディスタンス系のボールが合っている。**過度にスピンをかけない、たとえばドライバーならランを使って飛距離をかせぎ、アプローチでも手前から転がしたほうが寄りやすい。**スピンがかかりすぎると飛ばなかったり、止まりすぎるといったデメリットがあります。

ディスタンス系ボールが合う
ダウンスイング

スピン系ボールが合う
ダウンスイング

［打ち方別］セレクトチャート

	コックタイプ	ノーコックタイプ
グリップの握り方	直角気味	斜め
ヘッドスピード	速い	速くない
おすすめのウッド	ディープフェース	シャローフェース
FWかUTか	UT	FW
おすすめのアイアン	ハイバンス	ローバンス
おすすめのウエッジ	ハイバンス	ローバンス
おすすめのボール	スピン系	ディスタンス系

スコアアップの知恵袋

プロに近づくテクニック

PART 3

横田メソッド
YOKOTA METHOD

スコアアップしたければ1にアプローチ、2にティショット！

ゴルフはスコアを競うゲームです。定期的に練習している人も練習嫌いの人も、少しでもいいスコアで上がることが最終的な目標のはずです。

ところがアマチュアの方の練習を見ていると、その方向性がズレている。ビギナーならまだしも、キャリアを積んだ人でも目標を達成できる練習をしていません。早い話が練習場でショットばかり打っている。「飛ばし」や「正確性アップ」などテーマは違っても、とにかくショットを打ちまくる。これはスコアをまとめるうえで遠回りになります。

スコアをよくしようと思ったら、やることは2つ。アプローチとティショット。とりわけ大事なのはアプローチです。

みなさんは「パット・イズ・マネー」という言葉を聞いたことがあると思いますが、これはウソです。僕はかつて、世界的なショートゲームのレッスンプロのデイブ・ペルツ氏にパッティングの講習を受けたことがあります。2日間にわたって学科と実技を1時間おきに繰り返す内容で、PGAツアーの選手もたくさん受講している大人気のプログラムですが、その講習の最後にペルツ氏が「ゴルフのスコアメイクにおける最優先事項はアプローチだ」と言ったのです。

8フィート（約2・4メートル）が入ればスコアがよくなる

ペルツ氏いわく**「多くのゴルファーの練習は、ショット7割、パット2割、アプローチ1割が現状。これを1対1対1の割合にすればスコアメイクに繋がる」**ということでした。

これにはちょっと説明が必要です。まず、106ページのグラフを見てください。これはPGAツアーのプロが1パットで決める確率をグラフにしたものです。縦軸はパットの成功率、横軸はパットの距離ですが、当然のごとく距離が短いほど成功率はアップします。

注目すべきは成功率がガクンと落ちる境界の距離。**3メートルになるとプロもワンパットで沈めるのがむずかしくなる**のです。もっと言うと、パッティングには「ゴールデン8

フィート」という言葉があり、8フィート（約2・4メートル）がスコアの分岐点になると言われます。プロの世界ではアプローチをカップの2・4メートル以内に寄せることがすごく大事なのです。

JGTO（日本ゴルフツアー機構）のスタッツを見ても、パーオン率は高い選手でも70%台。平均すればグリーンを狙うショットの4割でグリーンを外します。それゆえアプローチの巧拙がスコアを大きく左右するのです。

アプローチの練習は頭を使わないことが大事です。動きがゆっくりなので細かいこと

PGAツアーのプロが1パットで決める確率

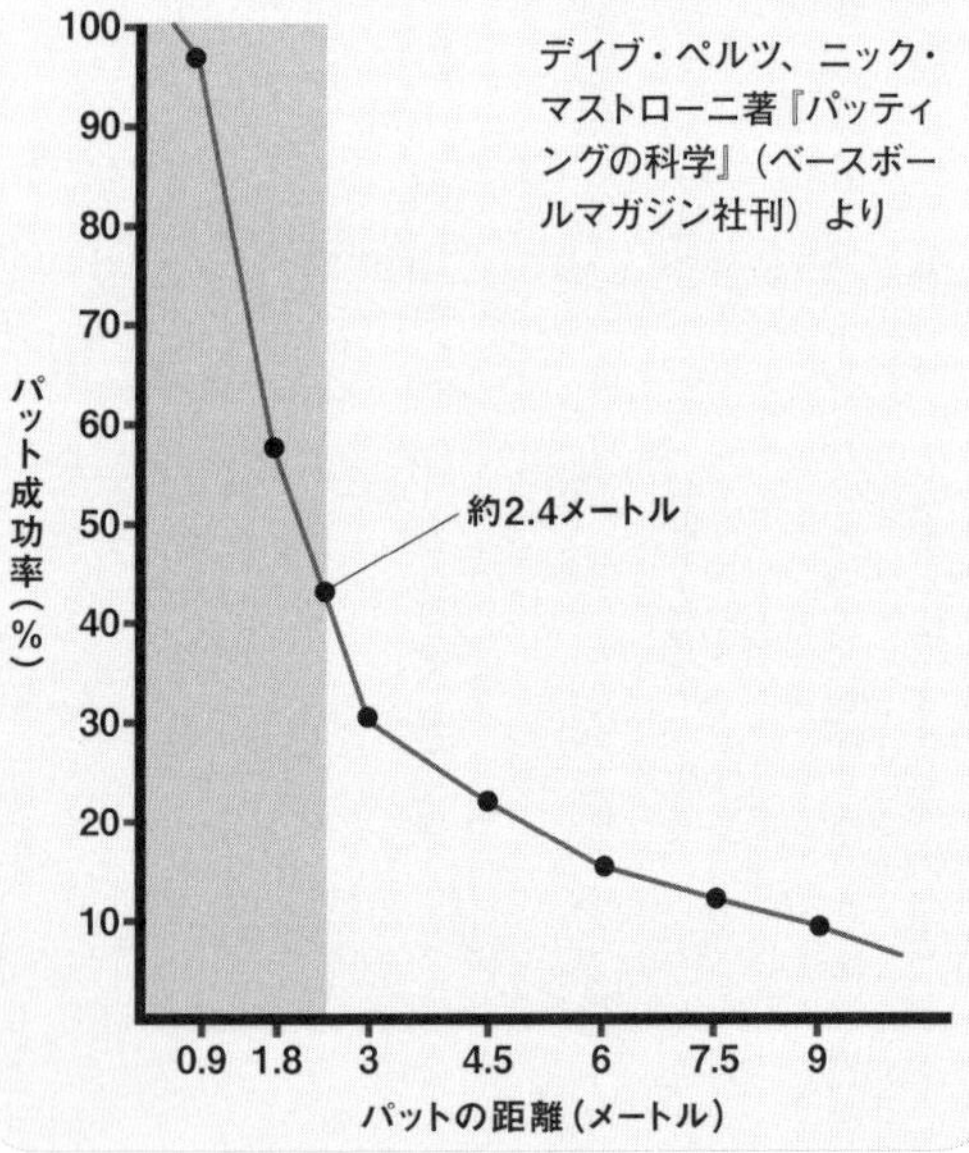

デイブ・ペルツ、ニック・マストローニ著『パッティングの科学』（ベースボールマガジン社刊）より

を考えたくなるのですが、これが進歩を遅らせる。練習場なら打ち放題、コースならアプローチ練習場で、**たくさんボールを打って動きをカラダに覚え込ませることです**。でも、一球単価の練習場にしか行かない人にはむずかしいですよね。

方向性第一、飛距離は二の次

そこでもうひとつ、ティショット（ドライバー）の練習をしましょう。**ドライバーをスコアに直結させるには、飛ばすのではなく曲げないこと**。曲げずに200ヤード飛べば、ボギーはおろかパーも獲れます（アプローチの練習をすれば確実です）。

PGAツアーのデータを分析した書『ゴルフデータ革命』によれば、プロは多少曲がっても飛んだほうが有利ですが、アマチュアは飛距離より方向性というデータが出ています。

アマチュアの方は曲げて飛距離をロスしますから、アイアン同様方向性第一、飛距離は二の次と考える。どうやっても真っすぐ飛ばないなら、**ドライバーを43インチくらいに短くしてみるといいでしょう**。ドライバーが曲がる大きな要因はクラブが長いからです。

ローテーションを使うか使わないかでプロとアマの飛距離差が生まれる

ショットにおけるボールの打ち方は、大きく分けて2種類あります。

ひとつはフェースローテーションを使う打ち方。もうひとつはフェースローテーションを使わない打ち方です。

フェースローテーションを使うとは、ヒジから先のローテーション（回旋）を使うということ。**右腕と左腕のヒジから先を左に回していく動きとカラダの回転を同調させてボールをとらえます。**

ローテーションを使わないとは、この動きを積極的に使わずカラダの回転で打つスタイルで、ショットの方向性がよくなります。

ただし、めちゃくちゃトレーニングを積まないとヘッドスピードが上がりません。ショ

ローテーションを使わない

飛距離よりもコントロールが重要なアイアンショットなどでは、ヒジから先の前腕部をローテーションさせずに打つのが有効

ートアイアンなら打てるかもしれませんが、飛距離が必要なドライバーや長い番手を打つには相当なトレーニングが必要です。

効率よく飛ばすならローテーションを使うべきですが、アマチュアの方のほとんどはできません。これがプロとアマチュアの飛距離の差を生んでいると言ってもいいほどです。

ローテーションを使うとヘッドがクルッとターンします。そのスピードが加わり、かつボールがつかまって飛ぶ。プロは飛ばす時には間違いなくローテーションを使います。アマチュアの方の場合、ハンドスピードとヘッドスピードがほぼ同じで、クラブヘッドとシャフトが一緒に動きます。これに対し、**プロはインパクト前後で手がほとんど動かずにヘッドがビュンと走ります。**

プロのようにヘッドを走らせるには、ヒジや手首の関節をやわらかくすること。固めると手がヘッドの動きに引っ張られるからです。そのうえで、左腕を小さく回す感覚で振るといい。ヘッドが走るのは左手が止まるからとも言えます。関節がやわらかい状態で左手が止まることでローテーションが使える。筋力がなくても飛ばせます。

ローテーションを使う

ドライバーをはじめとした飛距離優先のクラブでは、ヒジから先の前腕部のローテーションを使って打つ

クラブで飛ばすとは シャフトの「しなり戻り」で飛ばすこと

ショットで飛距離が出るのはクラブシャフトの「しなり戻り」を使って打てるからです。ダウンスイングでクラブが下りてくる時には、当然のごとくシャフトがしなります。**いわゆる〝タメ〟ができて手が止まると、しなりが大きくなって反動も大きくなる。つまり大きな「しなり戻り」を使ってボールを打てるわけです。**

タメができると手の動きは小さくなります。逆に言えば、ダウンスイングで手が前に出たり、腕を走らせるほど手が動いてシャフトの「しなり戻り」が使えなくなります。プロが「スイングでは手を使わない」と言うのは、これを指しているのです。

アマチュアの方の場合、手元や腕が止まらず行きっぱなしになります。飛ばない原因はそこにありますが、もっと腰を速く切れば飛ぶと勘違いしています。たしかに腰は回しますが、そのあとに止めなければいけない。「左のカベをつくる」とはそういうことです。

シャフトの「しなり戻り」で打つ

ダウンスイングでクラブが下りてくるとシャフトがしなる。大きくしなるほどインパクトに向かっての「しなり戻り」も大きくなりボールに伝わるエネルギーが増大する

ヒジを支点にその先がギュンギュン回れば ヘッドスピードが上がる

バイオメカニクス（身体運動学、スポーツ力学）的観点からスイングを分析すると、**いくつかの支点を中心とした回転運動**になります。

とりわけ大事なのはヒジから先の動き。**ヒジを支点としてその先が速く回転することでクラブの運動エネルギーが増大します**。

左ページで紹介しているのは、その構造を機械化した模型で、支点が2つあります。たとえば支点1を肩、支点2をヒジと考えてみましょう。肩を支点にした腕の回転に、ヒジを支点とした前腕の回転が加わる。前腕がギュンギュン回るほど、クラブは速く動いてヘッドスピードが上がるわけです。

ポイントは支点を動かさないこと。支点が動いたら速く回転できません。当たり前のことですが、アマチュアの方はこれができていません。スイング中にヒジが浮く、ワキがあくのもヒジが動いている証拠。スイングはヒジ支点の動きなのです。

支点があってこそ速く正確に回転する

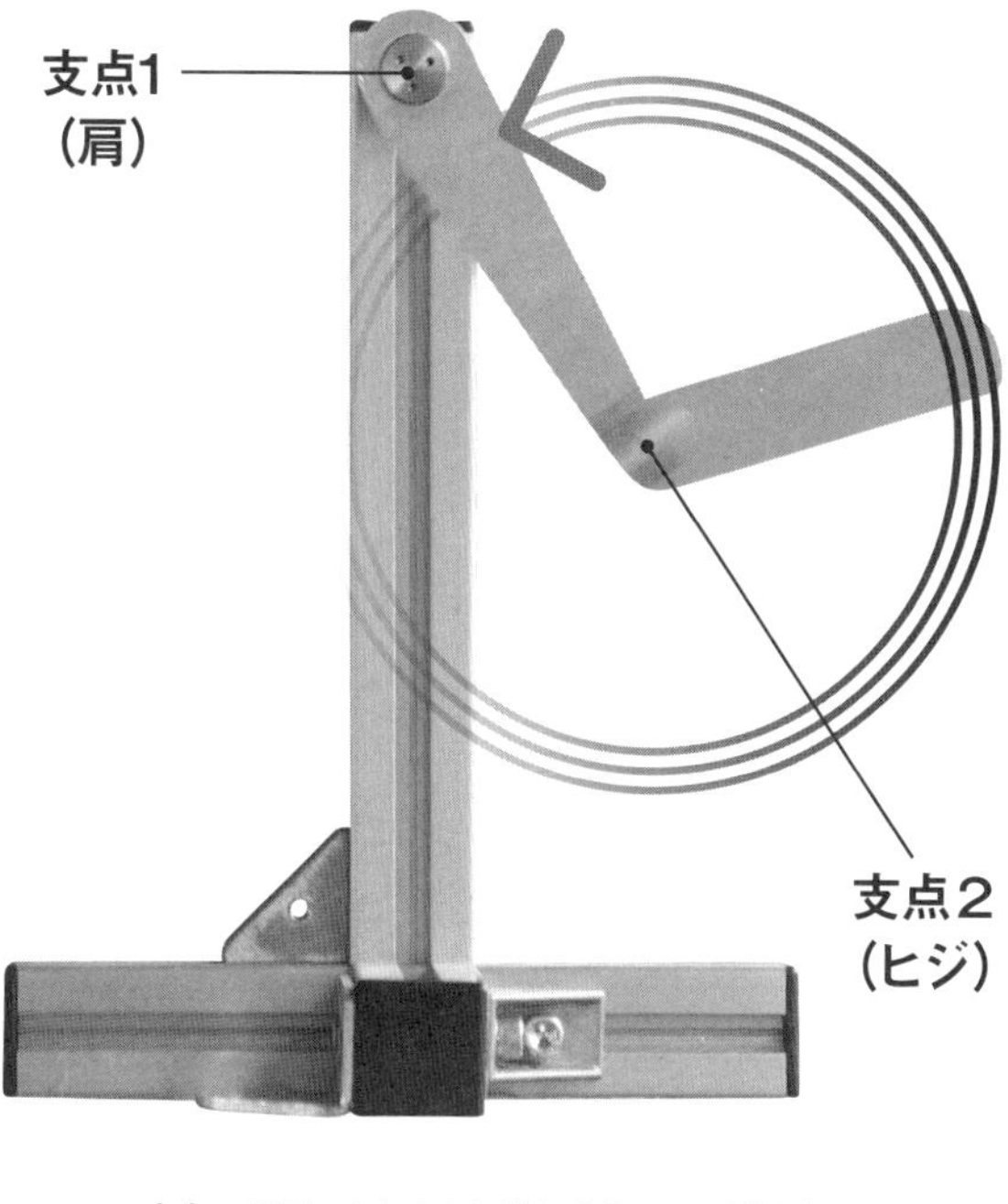

支点１を肩、支点２をヒジと考える。ヒジを支点にすれば前腕部がスピーディに回ってヘッドスピードが上がる。ヒジが動くと支点がブレて動きが不安定に。スピードも上がらない

「腰を切る！」のアドバイスがハマるのはフックグリップの人

グリップの握り方でもスイングに若干の変化が生じます。ここで言う握り方とは、スクエアグリップかフックグリップかということ。スクエアグリップは両手がほぼ均等に見えるように握ります。フックグリップは左手をかぶせるように握るため、左手の甲が多く見えます。フックで握るとフェースが閉じてボールがつかまりやすくなります。

スクエアグリップの場合、ダウンスイングで手首が早めにリリースされるのが自然な形です。このように振れるとインパクトに向かってクラブヘッドが走り、インパクトからフォローではヘッドが手元を追い越すヘッドファーストの形になります。

一方、**フックグリップは最初から左手をかぶせて握り、手首がリリースしづらい形**になっています。そのためヘッドがあまり走らず、インパクトでは手首がボールより前に出るハンドファーストの形になる。**ヘッドを走らせるにはカラダを速く回す必要があります。**

　スイングでは「腰を切る」と言いますが、このアドバイスがあてはまるのはフックグリップの人のみ。もちろん、スクエアグリップでもカラダは回しますが、「腰を切る」ほど回転スピードを上げる必要はありません。逆に、フックグリップでヘッドファーストにすると、インパクトでフェースが左を向いて打球が左に飛んでしまいます。

　スクエアグリップなら手が前に出ないように振ること、フックグリップなら右手が下にくるように打つことで正しいインパクトに近づけます。

スクエアグリップのスイング

インパクトからフォローでヘッドが手を追い越す

フックグリップのスイング

腰を切りながらハンドファーストで打つ

右か左か「利き目」で決まる ヘッドアップしていい人、いけない人

ドライバーからパターまで、ミスの大きな一因と考えられている事象にヘッドアップがありますが、すべてのゴルファーにとって諸悪の根源になるかと言えば、必ずしもそうではありません。もちろん度を過ぎたヘッドアップは論外ですが、ある程度ヘッドアップしていい人といけない人がいます。

それを決めるのは利き目。**右目が利き目の人は適度なヘッドアップ（＝ルックアップ）はOKですが、左目が利き目の人はミスにつながります**。

打つときには誰もがボールの周辺に視線を落としていますが、利き目が右だと顔がやや目標方向を向く感じで、利き目が左なら顔が下を向く。この違いが生じるわけです。

ですから、右目が利き目の人が頭を残しすぎるのはよくない。実際には無理ですが、飛んでいくボールを追うような感じで打ったほうがうまくいくと思います。

利き目が左

インパクトまで頭の位置が変わらない

利き目が右

ダウンスイングからインパクトでルックアップする

利き目の見つけ方

指で輪をつくったら目標物を見つけて輪の真ん中に入れる。片目ずつつむって目標物が輪からはみ出ないほうが利き目

ラフからのショットは芯に当てるより ヘッドの入射角を意識する

ラフは上から打ち込むと思っている人が多いですが、これは勘違い。**可能な限りアッパーブローに打つのが正解**です。

ラフでもボールと地面の間には隙間がありますから、上から打つとヘッドがボールの下に入ります。芝の抵抗を避けて芯で打ちたいのはわかりますが、上から入れると入射角がきつくなり、使えるフェース面が狭くなります。

これに対し、**入射角がアッパーになるとフェース面を広く使えるので、多少芯を外してもそう距離は変わりません**。空中に浮いているボールをフェースに当てて5メートル先のバケツに入れるとしたら、誰もフェースを上からは入れませんよね。でも、ラフではみんなそうやっているのです。もちろん、素振りで強烈に芝の抵抗を感じたら上から入れますが、ヘッドスピードが落ちなければボール手前の芝ごと打つのが一番いい。**夏ラフは上から入れ、冬ラフは芝ごと打つ**、といった感じです。

入射角が鋭角 ⇨ 当たる幅が狭い

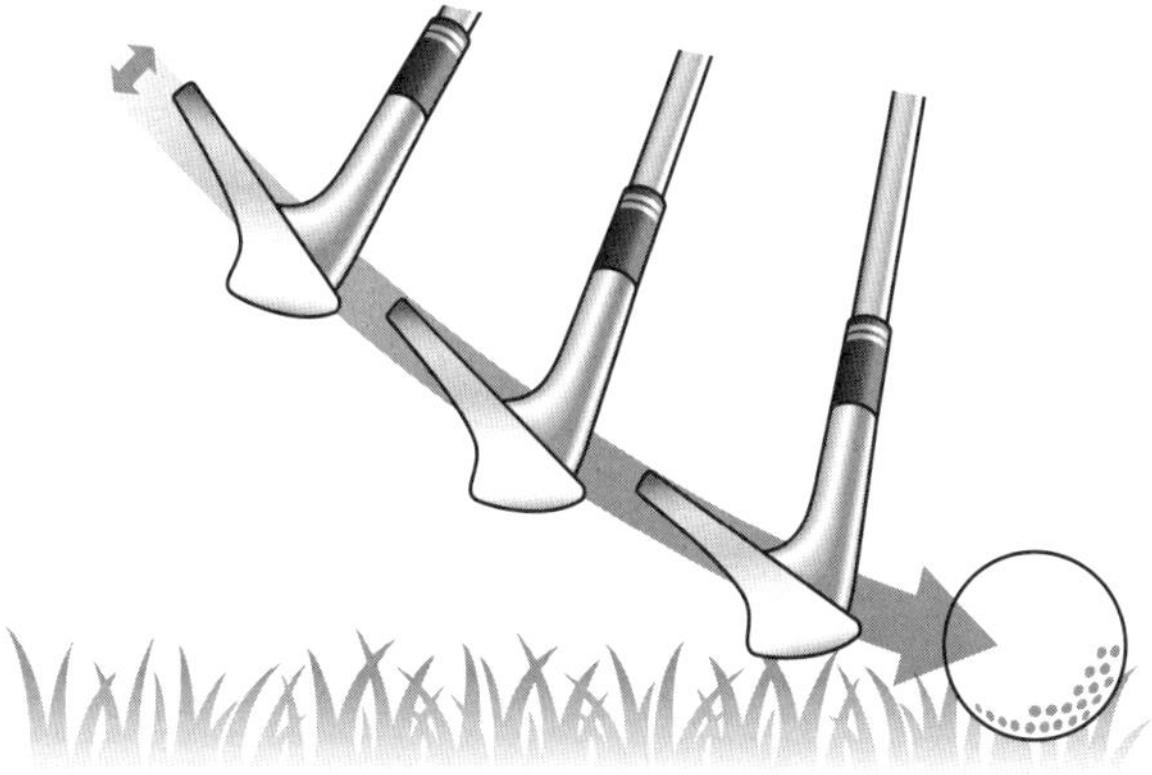

ヘッドを上から入れると入射角が鋭角になり、ボールに当たるフェース面が狭い

入射角が鈍角 ⇨ 当たる幅が広い

入射角が鈍角になるとフェース面を広く使えて当たりやすいので、ミスしづらい

チャックリの特効薬「ボールを右に置いて打つ」は大変危険！

アプローチでダフってばかりの時は、右足寄りにボールを置くとダフりづらくなります。しかし、それを続けるとワナにハマります！

ダウンスイングからインパクトでヘッドをリリースできなくなり、チャックリ病に冒される。痛み止めを繰り返し射つようなもので、治らないばかりか蝕まれていきます。

チャックリ病の根本原因はヘッドがリリースできないことなので、**ダフリが止まらない時には本来なら絶対にやりたくない。ボールを左に置いてすくい打ちをやるべきです。**ヘッドがリリースできますから、最初は当たらなくても根絶に向かえます。

ゴルフでは正反対のことをやると結果につながることがあります。だからミスに対する特効薬には注意が必要です。とりあえずその場をしのげたら、必ず真逆のこともやってみましょう。スイングが速いと言われたら、もっと速くしてみる。ヘッドアップしているならウルトラヘッドアップしてみる、という具合です。

チャックリが止まらない

今どきドライバーはトップからフェースを閉じ気味にしてインパクトへ

長めでヘッドが大きい今のドライバーは、インパクト前後でヘッドがターンしづらくなっています。

以前は開いたフェースを閉じながらダウンスイングし、フェースでボールを包むように打っていましたが、今のドライバーではそれだとフェースが閉じ切りません。しかも、フェースとボールがくっつかず、ともに弾くので打球が右に飛び出してしまいます。

これを防ぐために、**終始シャット目（閉じ気味）にフェースを使うプロが増えています。**違いがわかるのはトップの位置で、フェースが上向き加減＝閉じています。

この形をキープしたままダウンスイングすると、シャットフェースのままクラブを下ろせます。インパクトでもフェースが閉じるのでボールがつかまります。アマチュアの方の場合、フェースが開いて当たるケースが圧倒的に多いので、プッシュアウトが出る人はシャットフェースを試すといい。その際はロフトの多いクラブを使ってください。

以前の打ち方

開いたフェースを閉じながら
ボールを包むようにヒット

今の打ち方

はじめからフェースを閉じ気
味にしてそのままヒットする

3分間素振りでスイングの画素数を増やす

スイングではリズムがとても大切です。どんなに長くゴルフをやっていても、スイングのリズムがまちまちではショットが安定しません。

22年間連続で賞金シードをキープしている手嶋多一プロの場合、契約先のクラブメーカーが定期的にとっているデータを見ると、何度打ってもヘッドスピードが変わらないそうです。これはいつも同じリズムで打てている証拠。手嶋さんはあまり練習しない選手として有名ですが、必ず身近にクラブを置いてポスチャーのチェックをしています。これはスイングにとってリズムとポスチャーがいかに大事かを物語っています。

さて、肝心のリズムですが、**自分のリズムが速いタイプか遅いタイプかを知るには、プロゴルファーのスイングを見るとわかります。**速いのは近藤智弘プロやニック・プライス、遅いのは片山晋呉プロやアーニー・エルスら。見ていてどちらが好きか、自然に受け入れられるのはどちらか。受け入れられるリズムが自分のタイプです。

ゆっくり上げて速く下ろすには筋力が必要

リズムは速くても遅くてもいいのですが、ひとつだけ共通することがあります。それは**バックスイングとダウンスイングのスピードを同じにすることです。**

「ゆっくり上げて速く下ろす」はNG。振り遅れの原因です。重いクラブがカラダより遅れて動くため、ダウンスイングからインパクトで手が浮いてヘッドが下がるのです。

ただし、例外はあります。松山英樹プロやタイガー・ウッズは、ゆっくり上げて速く下ろすタイプです。なぜ例外かと言えば、このリズムで動くには強靭な筋力が必要だから。彼らのように鍛え上げられたプレーヤーだけが、切り返し以降で急激にスピードアップしても自ら振り遅れを抑えてクラブをコントロールできるのです。あこがれだけで彼らのリズムを真似すると、インパクトでフェースが開いて右に抜ける球になってしまいます。

スイングのコマを増やす作業でリズムがよくなる

では、どうすればバックスイングとダウンスイングを同じ速さにできるのか？　それはともにゆっくり動くドリルをやること。**3分かけて一回素振りをするとリズムだけでなくフォームもよくなります**。

これを理解するには、スイングを画素数で考えるといい。デジカメで撮った写真は、画素数が多いほど鮮明になり、大きく引き伸ばしても画像が粗くなりません。これと同じで、スイングもいかに小刻みに動けるかで決まる。

ちょっとずつゆっくり動くほどひとコマは細かくなります。ゆっくり上げて速く下ろしても、速く上げてゆっくり下ろしても、それは本来あるべきコマをいくつか飛ばして動いていることになる。ですから、本来なければならないコマをそろえ、カラダに覚え込ませる。すると欠落している動きを補正できます。ゆっくりスイングし、7番アイアンで100ヤード打つ練習がオススメです。

誰でもできるラウンド前のコンディショニング

前日からスタートまでの過ごし方

PART 4

横田メソッド
YOKOTA METHOD

ラウンド前日の練習ではスピードを抑えて振る

練習嫌いの人でも、たまには「練習しなきゃ」と思うことがあるもの。みなさんの中には明日がコンペ、となったタイミングでようやく重い腰を上げて練習場に行く人も多いのではありませんか？

いざ、何かをやろうとしたら誰もが準備をします。僕も試合の前には準備をしますが、現実的には完璧にやるのはむずかしい。まして普段からクラブを握っているわけではないアマチュアの方が、明日に迫ったコンペに向けて完璧な準備などできるはずがありません。何をやったらいいかわからないまま練習場に行き「まあ、何とかなるだろう」くらいの感覚で帰ってくるのが関の山です。

そこで提案したいのが、**「前日の練習でやってはいけないこと」**を知ることです。練習メニューはもちろん、日常の生活習慣の中にも、翌日のラウンドに支障をきたすことがあります。それを排除することも翌日に備えての立派な準備になります。

前日練習で猛烈に打ち込んじゃダメ

まず前日に練習をやること自体ですが、「2時間打ち放題」のような練習場で猛烈に打ち込むのは最悪です。

翌日のラウンドが心配になってガンガン打っていると、筋肉が目覚めてスイングスピードがどんどん上がっていきます。悪いことではないように聞こえるかもしれませんが、**こうなると切り返しがどんどん速くなります。**

テークバックでクラブをゆっくり上げてから、グリップをギュッと握って力感いっぱいにダウンスイングします。結局、リズムもへったくれもないアマチュアっぽいスイングでずっと打ち続けることになります。そんなスイングを繰り返せば、翌日もそうなるのは明白です。

ですから、**やるなら切り返しからダウンスイングがクイックにならない練習をするべき**。続けざまにポンポン打つのではなく、スピードを抑えてフルスイングする練習のほうがはるかに効果的です。

残念ながら、ゴルフでは今日やったことが明日できるようになる、ということはまずありません。シングルになるには最低3000時間の練習が必要と言われています。将来を見越して今日2時間の打ち込みをするのならいざ知らず、翌日のためにそれをやっても無駄に体力を費やすだけ。いいことはひとつもありません。

前日の食事は食べる順序に気をつける

前日の夕食はどう食べればいいのかというと、いわゆる「腹八分目」か、それよりちょっと少なめにする。消化にはかなりの体力を使うので、いくら栄養をとったとしても「腹いっぱい」はアウトです。

食べる順序も大切です。いきなり炭水化物をとると、血糖値に急激な変動が生じる血糖値スパイクと呼ばれる現象が起きます。翌日のパフォーマンスに影響するどころか、これを繰り返すと血管に過度な負担がかかり続け、心臓病や認知症、がんなどの合併症を引き起こすリスクも高まります。

実際、僕は食事をとりながら血糖値を測ることがありますが、いきなり炭水化物をとると血糖値が一気に上がります。

順序としては、野菜→肉、魚（たんぱく質）→ご飯、パン（炭水化物）を心がけるべきです。

暴飲、暴食しないことも翌日のラウンドでいいスコアを出すのに欠かせません。僕自身で統計をとってみたところ、食べ過ぎた翌日はカラダが重く、動きにキレがありませんでした。暴飲、暴食が明らかにパフォーマンスの低下をもたらしていたのです。

前夜の「腹いっぱい」はダメ！食べる順序にも気をつける

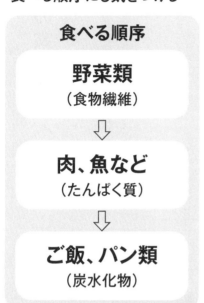

食べる順序

野菜類
（食物繊維）

⇩

肉、魚など
（たんぱく質）

⇩

ご飯、パン類
（炭水化物）

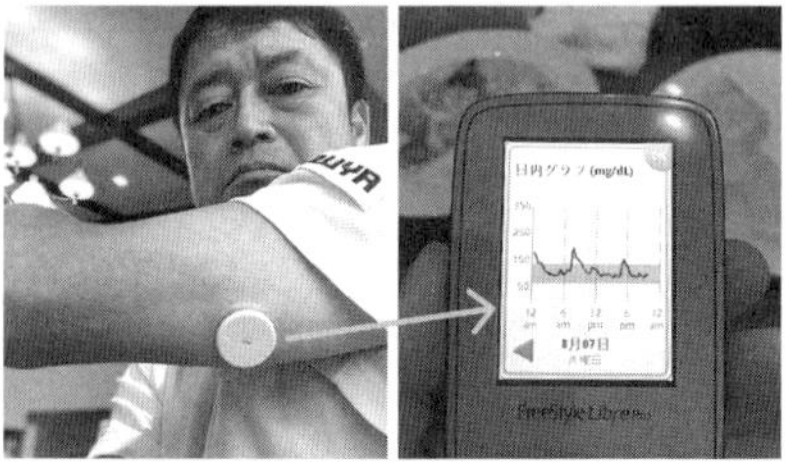

食事の時に血糖値を計測。グラフの山が高くなったタイミングで炭水化物を摂っている。左の山は朝食時、右の山は夕方おにぎりを食べた時

前夜には必ず炭水化物をとる

食物の消化に要する時間は、果物が20〜30分、野菜類が1〜2時間、炭水化物は8〜12時間、たんぱく質は10〜24時間が目安とされています。「明日の景気づけに焼肉！」は魅力的ですが、食べ過ぎるのが目に見えているならやめたほうがいい。最後のシメにラーメンも避けたほうがいいでしょう。

ただし、糖質をまったくとらないのはよくありません。**最近は炭水化物ダイエットが流行っていてご飯を食べない人も多いようですが、ラウンドの前の晩にはとっておく。その代わり、翌朝のごはんを少なめにします。**

朝からガッツリ食べてしまうと、消化にエネルギーが費やされてパフォーマンスの低下を招きます。また、血糖値が急に上がるとラウンド中にリバウンドがきます。そうならないよう、**朝はバナナやナッツなど、なるべく消化に時間のかからないものをとったほうがいい**。これは長時間動くマラソンランナーやクライマーなどにも言えることです。

とはいえ、ゴルフのプレー時間は長いですから、エネルギーとして肝臓にブドウ糖を蓄えておく必要もあります。これらの条件をこなすには、**ラウンド中に消化のいいもので、こまめに栄養補給をするのがポイント**。防腐剤や添加物が入っていないゼリーなどをとるのがオススメです。

僕の場合、午後スタートの時は朝ごはんを食べますが、午前スタートならバナナやおにぎり1個程度にして、お腹が空いたらラウンド中に消化のいいものを食べる。個人差はありますが、僕は朝の5時にはご飯を食べられないし、スタート直前に食べるとカラダが重くなります。食べるならカラダが重くならない程度と心がけています。

加えて言うなら、アマチュアの方は昼食もそこそこにしておきたい。**ハーフターンでステーキやカツカレーを食べたら後半はボロボロになります**。ゴルフは18ホールスルーでプレーするのが基本。途中で食事をするスポーツはゴルフくらいではないでしょうか？　僕はハーフターンのお昼ごはんの習慣が日本のゴルフを衰退させると思っているくらいです。

前夜のお酒については僕も嫌いなほうではないのでちょっと言いにくいのですが、アルコールには利尿作用があるので、飲みすぎると水分不足に陥る可能性が高くなります。日本酒造組合中央会は、前の晩にどうしても飲みたければ、お酒と同量の水を飲むことを推奨しています。アルコールは胃で吸収され、水は腸で吸収されるので翌日に支障をきたさないのです。アルコールを飲む前には、ポテトサラダなどを食べて胃に粘膜をはっておくのが効果的です。

ベッドに入る1時間前には風呂から出る。早く寝たいときはシャワー

ラウンド前夜になかなか寝付けない、あるいは、とんでもなく早い時間に目が覚めてそのまま眠れない、という人がいます。睡眠不足だとパフォーマンスが低下しますし、行き帰りの運転にも支障をきたすので、しっかり眠っておきたいところです。

ちゃんと眠るには、ラウンドのスタート時間から逆算して前の晩を過ごしましょう。7時間は眠りたいので、翌朝6時起きなら11時には床に入る。夕食から就寝までは3時間とりたいので8時には夕食を終えるのが基本です。

ここで大事になるのが、入浴する時間。実はこれが眠れない大きな原因になっていることがあります。結論から言うと、**ベッドに入る1時間前にはお風呂から出ておきたいです。**この場合なら10時ですね。

というのも、眠気というのは風呂から出てカラダの深部温度が下がっていく過程でもよおしてくるから。この流れにしたがってベッドに入ると、すんなり眠りにつけるのです。ただし、湯船にどっぷり浸かって深部体温が高くなると下がるのに時間がかかるので、**ぬるめのお湯で半身浴か、熱い湯ならサッと上がったほうがいい**。長風呂には疲れを取る効果もありますが、ラウンド前夜はこのほうがベター。もちろん夏場と冬場で入浴時間をコントロールする必要があります。

温泉ゴルフもいいですが、何度も入浴するのはダメ。血のめぐりがよくなり過ぎて疲れます。マッサージも控えたほうがいい。カラダが温まって筋肉がゆるんだら、もうユルユルです。ただ、翌日プレーがなければ筋肉をゆるめてもＯＫです

そもそも筋肉は収縮しながらパワーを出します。ゆるめるだけだと動きに必要な緊張感がなくなるのです。**特に背骨まわりの脊柱起立筋《せきちゅうきりつきん》がゆるむと〝カラダの芯〟がなくなり、必要なところに力が入りません。これが腰を傷めることにつながる場合もあるので注意が必要です。**

また、寝苦しい夏の夜は汗をかきます。「汗をかく＝興奮する」ということなので眠れなくなります。だからといってスマホなどを見るのは逆効果。少し暗めの照明で本でも読むと徐々にカラダが冷めてリラックスした状態になります。

早く寝つきたければエアコンを使う。エアコンが苦手な人は、寝る前にあらかじめ部屋を冷やしておき、その時間を含めて2時間くらいタイマーをかけておきましょう。最初の深い眠りであるノンレム睡眠は90分といわれているので、その時間の睡眠の質を上げることができます。

マグネシウムで足のつりを防ぐ

夏のラウンドでは水分補給が不可欠です。吸収が早いスポーツドリンクを常備するのは、いまやゴルファーの常識ですが、それは最低限の対処法です。

大量の汗をかく夏のラウンドでは、水分とともにミネラルも消失します。そのため**特にスポーツをする場合は、水分とミネラルをどれだけとれるかが重要です。**

ミネラルとは、カルシウム、亜鉛、カリウム、鉄分といった無機質成分のこと。体内ではつくり出せないため外から摂取しなければなりません。

こういったミネラルももちろん必要ですが、**特にラウンドではマグネシウムが必要です。**運動していると、いわゆる「足がつる」ことがありますが、これは汗とともにマグネシウムなどのミネラル分が放出されることで起こります。

通常は神経から筋肉に「伸びる」「縮む」という信号が出るのですが、ミネラル不足によって「縮む」の信号しか出なくなる。これが「つる」状態を生み出すわけです。

海塩にはミネラルが多く含まれています。水分とともに塩分補給が必要といわれるのはそのためでもあります。参考までに言うと、沖縄の海塩「ヌチマース」には一般的な海塩の250倍もマグネシウムが含まれているそうです。食品で多く含まれるのは海藻類、大豆製品や小魚です。

〝足のつり〟との戦いを強いられるゴルファーやアスリートの間では「ツムラの68番」という漢方薬が有名で、取り入れている人が結構いるようです。

マグネシウムも最近見直されている栄養素のひとつ。ちなみに僕はニューサイエンス社の「高濃度マグネシウム」を飲んでいます。イオン化されているので吸収されやすい。ラウンド中もペットボトルに混ぜたものを持ち歩いて時々飲んでいます。

夏バテは「胃バテ」

２０１８年は全国的に記録的な猛暑になりました。地球規模的な気候変動がこの温度上昇をもたらしているとすれば、今後も毎年のように猛暑に見舞われることが考えられます。

そこで心配されるのが夏バテです。夏バテ状態でラウンドすれば当然スコアは悪くなる。そこで夏バテしない方法もお話ししておきましょう。

夏バテとひと口に言っても症状はさまざまですが、**要は「胃バテ」です。**

本来人間は、暑くなると自律神経の働きによって汗をかき、カラダの中にこもった熱を放出して体温調節を図ります。

ところがあまりに暑すぎて、汗の放出に水分や塩分、ミネラルの補給が間に合わない、逆にずっとエアコンの効いた室内にいると、汗をかく機能が低下します。これらはいずれも自律神経の働きが崩れることで起きます。**熱中症の起因は、外的な要素の影響によって自律神経機能が低下することなのです。**

自律神経の働きが悪くなると胃腸の機能も低下します（この仕組みについては183ページ～参照）。この変調が食欲不振をもたらし、栄養不足につながってカラダのだるさに代表される変調をきたすわけです。

胃の中の酵素は37度くらいが働きやすい

たとえば、夏に冷えた飲み物をたくさん飲みすぎて食欲がわかない、ということがありますが、これは飲みすぎによる胃の変調。特に冷えた飲み物をとりすぎるとテキメンです。

確かに水分をとることは欠かせませんが、飲みすぎると消化器系が冷やされます。これが胃バテの原因になります。胃の中の酵素は37度くらいが最も働きやすい環境と言われていますから、その意味でも**なるべく常温のものをとるほうがいい**。冷めた部分を温めようとして血液が消化器系に集まることも、カラダが重くなる一因なのです。

もちろん、高温の中に長くいて体温が上がっている場合は、5～15度くらいのスポーツドリンクの補給が必要になります。あくまで冷たいものを飲みすぎないことが大事ということです。

胃バテを防ぐにはビタミンUが含まれるキャベツが有効です。ビタミンUには胃の粘膜を保護する作用があると言われています。杏林予防医学研究所の山田豊文先生は、砂糖を少し入れた酢を沸騰させたものを、粗く千切りにしたキャベツの上からかけてしばらく置いた「酢キャベツ」を食べることを推奨しています。冷蔵庫で1カ月くらい保存できるそうです。

1分間「筋膜はがし」でカラダが楽に回る

いまやすっかりゴルファーに定着した感のあるストレッチ。スタート前のロッカールームや打つ前のティグラウンドで、多くの人がカラダをほぐしています。でも、なかにはそれが逆効果になっている人も見かけます。

アマチュアの方の多くは、僕たちプロが試合前にマッサージを受け、十分にカラダをほぐしてからスタートすると思われているようですが、それは間違いです。

そもそもマッサージは試合後に行うもので、筋肉を「ゆるめる」「落とす」ことが目的。ですから**試合前にストレッチはやってもマッサージはあまりやりません**。アマチュアの方の多くはそこをゴチャ混ぜにしていて、気がつくとスタート前にマッサージばりに筋肉を揉みほぐしていることがあるのです。

筋肉に張りや凝りが出るのは集中的にその部分を使うからです。それを前日や当日に揉みほぐして除いてしまうと、その部分に力が入らなくなります。ただ、張りや凝りが限界までくると痛みが出るので、そうなったらマッサージが必要。痛みをとるべく、力が入らなくなるのを覚悟のうえで行います。

あえてマッサージを受けて意図的に筋肉をゆるめることもあります。たとえば僕は、アドレスで手の位置が上がるのが嫌です。ダウンスイングでクラブが寝て入るからなのですが、手が上がる原因をつくっているのが胸とワキの下の筋肉です。そこで**ラウンド前に2つの部分をわざとほぐして力が入らないようにします**。基本はトレーナーやキャディにやってもらいますが、自分でやることもあります。また、プラスで「筋膜はがし」をします。

肋骨のまわりには筋膜という薄いカバーがあります。調理で鶏肉から皮を剥がす時に目にする、身と皮の間についてくる薄い膜がありますが、あれがそう。正確には筋肉を包む形で存在していて、細かい筋肉組織を結びつける、筋組織の摩耗を防ぐ、力を伝達するなど、いろいろな役割を担っています。

筋膜の成分のほとんどは水分なので、カラダの水分が不足したり、デスクワークなどで長時間同じ姿勢をとったままでいると柔軟性が落ち、筋膜同士が癒着して筋肉を動きにくくします。

「筋膜はがし」は、筋膜の癒着を取り去る作業ですが、僕がよくやるのは、**広背筋の脇を切るようにして揉むことと、胸筋を全体にわたって強めにマッサージをすること**。指先を使って肋骨を強く擦る感じです。こうすると骨に癒着していた筋膜はがれてゆるみ、腕と胸がストンと下がります。

プロもアマチュアもですが、不調の時は得てして腕が走りすぎて手の位置が上がってきます。ダウンスイングで手が上がってクラブが下がってしまうのですが、広背筋と胸筋の筋膜をリリースするとこれが直ります。

なぜ直るかと言えば、手に力が入らなくなって自然に下がるから。ダウンスイングで手が下がればクラブは立って入りやすくなります。「手を低く使え」と言われても、背中や胸に力が入っていると上がってしまう。簡易型の筋膜はがしで、これを防げるのです。

手元が上がりにくくなる筋膜はがし

ワキの下から背中にかけての部分の筋肉をクラブなどで
上下にさする。自分でやる場合には指先で強めにさする

上と同様に胸の筋肉
も指先で強めに、肋
骨をこする感じで上
下にさする

「ＰＮＦ」で必要な筋肉を刺激する

カーレースでマシンをセットアップするように、僕たちプロはカラダをセットアップします。スポーツをやる人にとってある意味カラダはマシンですから、試合に合わせてセッティングする必要があるわけです。おもに筋肉にアプローチするわけですが、それには2種類あります。**ひとつは前述した「ゆるめる」「落とす」こと。もうひとつは「締める」ことです。**

「締める」とは筋肉に刺激を入れて呼び起こすこと。いわゆる「ＰＮＦ」です。

たとえば、バックスイングからトップまでクラブを上げるプロセスを数段階に分けて、段階ごとに誰かに抵抗をかけてもらうと、必要な筋肉を刺激して必要な動きが呼び覚まされます。やってくれる人がいなければ、カートや壁を使ってやるとバックスイングがスムースに上がるようになります。バックスイングが深く入ればあとは下ろすだけですから、ダウンスイング方向にPNFをかける必要はない。逆にカラダが開く原因になります。

また、僕は**指を曲げる方向に対して、もう片方の指で負荷をかけるPNF**もよくやります。こうすると手が小さくなって締まるので、グリップがしっくりきますし、手の感覚も鋭敏になってパットやアプローチのタッチが出てきます。

バンカーショットの練習も手首のウォーミングアップとして効果的です。ヘッドを砂に向かってドーンと落とす時には手首のスナップを使います。ここで筋肉が締まる。おまけに打ち込んだときには砂の抵抗もありますから刺激もされるのです。

バックスイングが深くなるPNF

バックスイングの要領で左肩を右に回しつつ、それを誰かに押し返してもらう。押し返す力に負けないように上体を左に回したところで、押し返している手をパッと離してもらうとカラダが勝手に回りバックスイングが深く入る

「ボディマッピング」で可動域を広げる

「ボディマッピング」をご存知でしょうか？　文字どおり「カラダの地図を描く」ということで、そもそもは音楽家が楽器を演奏するために考案されたもの。自分のカラダがどんなパーツからなり、どう関わりあって動くのかを頭の中で地図を描くようにイメージすることで、指先や腕の動きがよくなると言われています。実際、演奏の現場ではボディマッピングによって無駄な力が入らなくなったという報告がなされており、僕はそこに大いに注目しました。

ところで、スムーズな動きを邪魔しているものは何だと思いますか？　カラダの内外からもたらされるさまざまなプレッシャーでしょうか。もちろんそれもありますが、ダイレクトに影響を及ぼすのは筋肉です。たとえば「飛ばしたい」「カップインさせたい」と思うとリキみますが、思うだけならリキみません。**その意識が脳から筋肉に伝わることで初めてリキむわけです**。そこで役に立つのがボディマッピングです。

2009年の『日本ゴルフツアー選手権』で優勝した五十嵐雄二プロは優勝インタビューでこう語っていました。「**自分は骨で打つイメージでスイングしています**」。これを聞いて、僕はスイングの本質をよく伝えているなぁ、と思いました。リキむのは筋肉ですから、骨で振ると思えば筋肉は素通りしてリキみようがないからです。

たとえば腕を動かす場合、どこを起点に動かすでしょうか？　ほとんどの人は腕の付け根（＝肩口）だと思います。このイメージでバックスイングすると、肩まわりの関節や筋肉の稼働域が制限されて窮屈になります。

ボディマッピングをすると、首元にある胸鎖関節から指先までが腕になります。起点が首元くらいになって鎖骨も腕になるのです。このイメージをもってバックスイングすると、腕の付け根を起点と考えるよりバックスイングが深くなります。

股関節もそうです。骨盤にジョイントしている大腿骨の先端（大腿骨頭）は骨盤に対して横から入っています。それを考慮すればバックスイングが楽になる。

カラダの中には本来は動くのに動かなくなっている関節もあります。ボディマッピングでカラダの構造をイメージするだけで、スイングがガラッと変わる可能性もあるのです。

肩口から先が腕だと考えて動くと……

首の付け根あたりから先が腕だと考えれば……

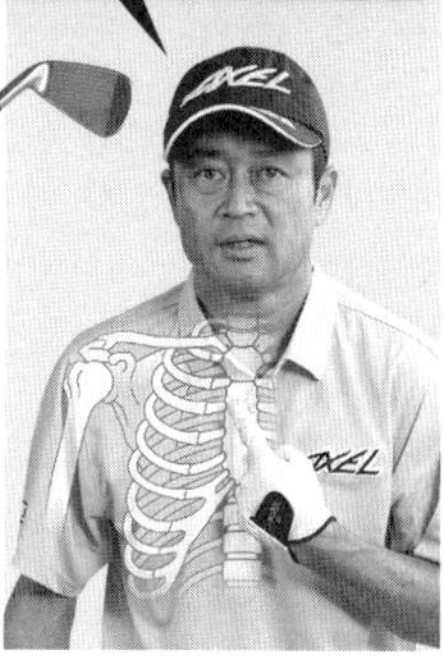

朝から気合を入れすぎない！

朝、起きた時はみんなボーッとしていますが、かつて僕は「それではいけない」と思い、心身ともにシャキッとするために、起き抜けにいきなり熱いシャワーを浴びていました。背骨のところに熱いお湯をあてると、スタートまでまだ何時間もあるのに、すぐにでもボールを打てる感じになるのです。

実際、この感じで目を覚まし、コースに行って練習するといい球が打てました。ドライバーで300ヤードも飛んでいたくらいです。

しかし、落とし穴がありました。いい感じでスタートしたはずなのに、6ホールも行くと急にパワーダウンしてしまうのです。がんばってもハーフ、時間にすると2時間が限度。最終日に上位でスタートすると3ホールしかもたない有様。僕はこんなことを何度も繰り返していたのです。

つまりは、朝から気合を入れすぎていたということです。

詳細はパート5で述べますが、**人間がちゃんと集中できるのは40分ほどです。**気合が入った状態は言ってみれば興奮状態ですが、これは日内変動があって長くは続きません。しかし、それなりに続くと赤血球の中に顆粒球という物質が生じ、顆粒球が増え続けることで活性酸素がたくさん出て消化器系にダメージを与えます。

人間にはホメオスタシス（恒常性）というのがあり、興奮したあとはリラックスするメカニズムになっていますが、試合中にそのサイクルが尽きてしまう事態になるわけです。

ゴルフでは熱くなりやすい選手や、まだ優勝したことのない若手選手が最終日に優勝争いから脱落することがよくありますが、これも気合の入れすぎに起因する部分が少なからずあります。

優勝経験が豊富な選手は朝からガンガン練習しません。尾崎直道さん、谷口さん、手嶋さんなど息の長い選手はみんなゆっくり打っています。

付け加えておくと、ラウンド当日の朝からスタートするまでは何もしないほうがいい。ま、それは無理ですから、極力余計なことには手を出さないようにしましょう。

言わせていただくなら、スタート前に話しかけられるのはできれば避けたい。テレビのインタビューなどもってのほかです。プロゴルファーとしてはいかがなものか、という感じですが、これが正直なところ。一流選手のコメントが軒並み素っ気ないのは、余計なことに頭を使いたくないせいなのです。

もちろん、アマチュアの方も同じです。**周囲の人に気を使って「何か話しかけなきゃ」とか「みんなを盛り上げなきゃ」とか思って動き回り、しゃべりまくったらハーフももちません**。コンペの幹事になるとやることがたくさんありますが、そうなったらラウンドでは細かいことを気にせず、開き直ったほうがいい結果になるでしょう。

ゾーンに入ってプレーする！

自律神経のコントロール

PART 5

横田メソッド
YOKOTA METHOD

原因不明のミスは自律神経のせい？

絶好のチャンスでミスが出る、必ず途中で大叩きする、といったアマチュアの方がおられると思います。総じて自分の力を発揮できないということですが、これはプロでもよくあること。そうなる原因は緊張からくるリキみやプレッシャーで、これらによっていつもの動きが阻害されるわけです。

こういった現象を体内メカニズムから分析すると、**自律神経が交感神経優位の状態になっています**。たとえば、バンカーから打ったボールがまたバンカー、それを打ったらホームラン、なんてことになると進行は遅れるわ、同伴競技者を待たせるわで、ちょっとしたパニックに陥ります。これは完全に交感神経が上がった状態です。

交感神経は別名「闘争と逃走の神経」と呼ばれます。

たとえば、ライオンに噛まれた時には出血多量で死なないよう心臓に血液をため込むため、血管が収縮して血液が流れづらくなります。血流が悪いので心臓がドキドキして頭の中が真っ白になる。つまりは戦闘モードに入っているということ。リズムが早くなったり、呼吸が早まるのはそのため。緊張してリキむのは仕方ないことなのです。

とはいえ、そのまま動いたらうまくいかないことは目に見えていますから、何らかの方法で対処しなければなりません。**それにはまず、自律神経について知っておくこと。それだけで、今まで繰り返していた原因不明のミスをなくせる可能性があります。**

自律神経とは末梢神経のひとつで、人間の生命維持に欠かせない、心拍、呼吸、血流循環、体温調節、代謝機能などを無意識かつ反射的にコントロールしています。

自律神経は交感神経と副交感神経の2つからなり、交感神経は活動状態、副交感神経は休息状態で優位に働きます。簡単に言うと、仕事や運動、勉強や家事をしている時は交感神経が、お風呂でリラックスしたり、眠っている時は副交感神経がおもに働いているということです。

時間的なサイクルで言うと、朝起きてから昼過ぎくらいまでは交感神経が優位で血管が収縮、心拍数と血圧が上がります。これが午後になると徐々に副交感神経が優位になり、心拍数や血圧が下がって心身ともにリラックスしていきます。副交感神経が優位になると胃や腸といった消化器系が働くようになり、疲労回復や新陳代謝が促される。栄養の吸収や老廃物の排泄が行われるわけです。

生きている限り両者はつねに働き続けます。置かれた状況によってどちらかの活動が高くなったり低くなったりはしても、どちらかが10でどちらかが0になることはありません。いわば、**交感神経はアクセルで、副交感神経はブレーキの役割を果たしている。どちらが極端でもスムーズに動けません**。アクセルをベタ踏みして交感神経が振り切れると顔面蒼白の興奮状態になり、ブレーキをかけっぱなしで副交感神経が高いままだと〝うつ〟の状態に近づいてしまいます。前者は目が冴えて夜いつまでも眠れない状態、後者は朝なかなか起きることができない状態と考えてもいいでしょう。人間はずっと眠らないわけにもいかないし、眠ったままでもいられない。良好な状態を維持すべく、双方のバランスをとっているのが交感神経なのです。

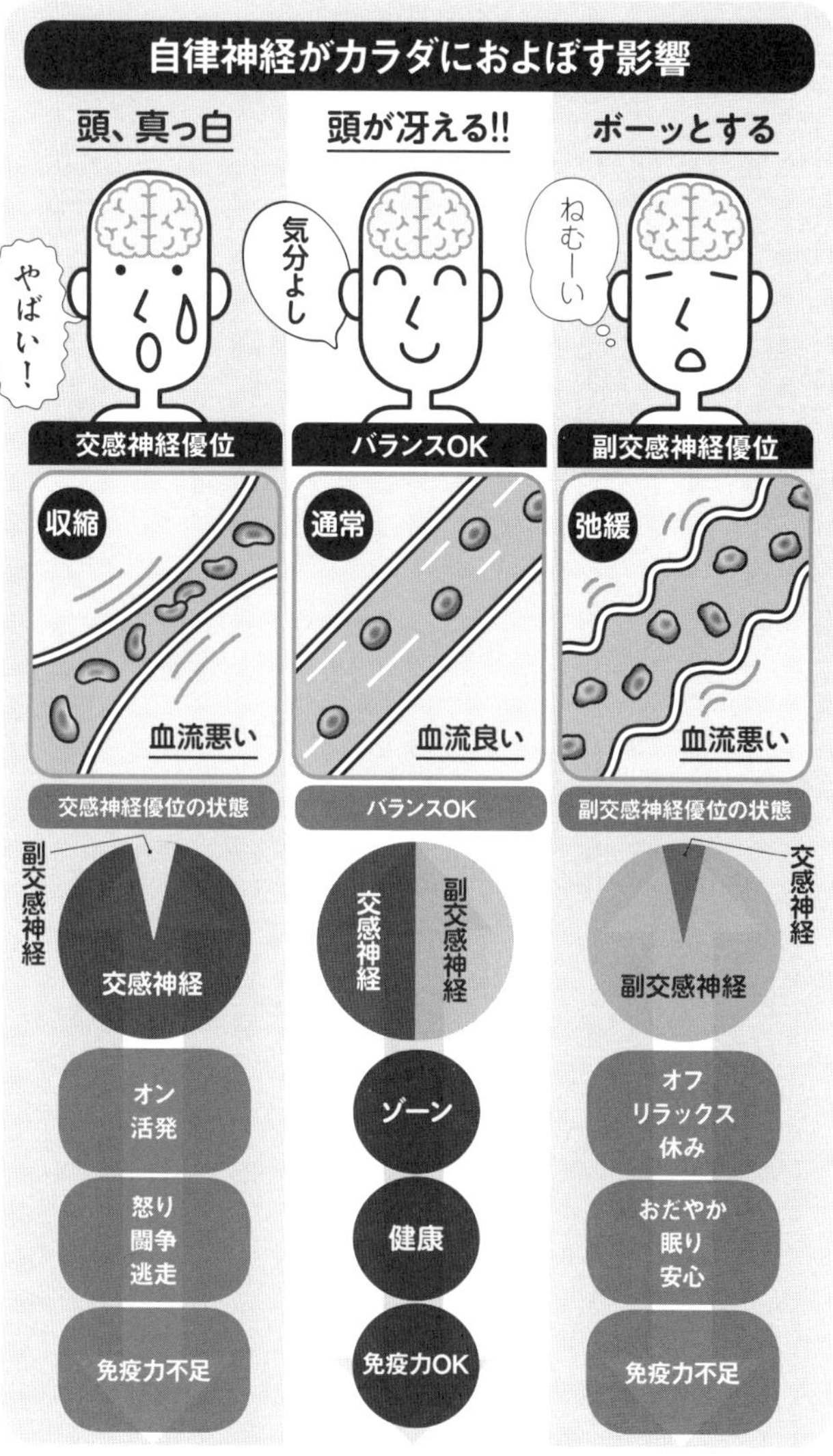
自律神経がカラダにおよぼす影響
頭、真っ白
頭が冴える!!
ボーッとする
やばい！
気分よし
ねむーい
交感神経優位
バランスOK
副交感神経優位
収縮
血流悪い
通常
血流良い
弛緩
血流悪い
交感神経優位の状態
バランスOK
副交感神経優位の状態
副交感神経
交感神経
交感神経
副交感神経
交感神経
副交感神経
オン
活発
怒り
闘争
逃走
免疫力不足
ゾーン
健康
免疫力OK
オフ
リラックス
休み
おだやか
眠り
安心
免疫力不足

デキるゴルファーはスロースターター

ゴルフに限らず、高いパフォーマンスを発揮するには交感神経の活動が欠かせませんが、良好なレベルにキープできるのはせいぜい40分程度です。

1日中高いレベルに保つのは所詮無理ですから、**交感神経のスイッチを入れたり切ったりしながら配分する必要があります**。一流と呼ばれるプレーヤーはこれができている人たちです。

たとえばプロ野球選手の場合、野手は交感神経が優位、ピッチャーは副交感神経が優位になる傾向があります。野手は攻守ともに瞬間的な勝負になるので集中力を一気に高めなくてはいけない。そのため交感神経が優位になりやすい。

逆にピッチャーは長丁場なので、一喜一憂せず淡々と投げ続けないともちません。そのため興奮を抑えるべく副交感神経が優位に働くのでしょう。

ゴルファーは明らかにピッチャータイプの神経の使い方をしなければなりません。長時間にわたるラウンドで一打一打に一喜一憂していたのでは神経がもたないからです。おもしろいのは、元ピッチャーの方にはゴルフ上手が多いこと。カラダの使い方もあるとは思いますが、ラウンド上手でないとスコアはまとまらない。そういう意味では、無意識下で自律神経の使い方を心得ているのかもしれません。

一流はスロースタートで変化を嫌う

一流のゴルファーはみなスロースターターです。

優勝争いをしている試合の最終日、通算48勝の中嶋常幸プロは「朝から〝ドウドウドウ〟。どれだけおとなしくスタートできるか」がポイントになるそうです。また通算31勝の片山晋呉プロは「最終18番ホールでいい球を打つことしか考えていません」と言います。優勝経験豊富な一流選手はスロースタートを心がけ、交感神経のバランス配分を考えてプレーしているのです。

変化を嫌うのも一流の特徴です。ショットの前にいつも同じルーティンでアドレスに入るのは変化を嫌ってのことです。イチロー選手が毎朝カレーを食べていたのもそのひとつだと思います。

また、試合で絶対ピンに寄らないバンカーショットに遭遇した時など、普通なら意地でもパーを獲ろうと特殊な打ち方をしますが、片山プロは絶対にそれをやりません。技術があってもやらない。なぜなら、特殊なショットはリズムを壊すから。たとえ成功しても特別なショットを打つだけで交感神経はドーンと跳ね上がります。一度高まった交感神経はすぐには元に戻りません。本当に振り切れたら1時間は元に戻らない。そうなった時点でゲームはジ・エンドになることがわかっているのです。

自律神経をコントロールする

自分がどんなに気をつけていても変化は必ず起きます。コースに行く途中でクルマが故障したり、同伴競技者が遅刻したりといったことでドキドキしたことがある人もいるでしょう。外的要因によって起こるアクシデントは誰にも止めることができず、遭遇すれば誰でも交感神経が上がります。

そんな時に自律神経をコントロールする手段が2つあります。**ひとつは上がった交感神経に寄り添うことです。**

みなさんは、明らかにリキんでいる人に向かって「力を抜いてゆっくり振って」とか「リラックス、リラックス」といったアドバイスをしたことがないでしょうか？　気持ちはわかりますが、このアドバイスは何の役にも立ちません。心拍数も血圧も上がり、呼吸も速くなっている人に「ゆっくり動け」なんて無理。自分がそんな状態の時に言われることを考えればよくわかるはずです。

　では、どうするか？　**緊張してリキんでいたら、それを受け入れてしまい、それ用の対策を立てることです。**

　たとえば、リキむとパワーが出ますから、普段は150ヤードを7番アイアンで打つならひとつ短い8番アイアンにする。グリップがゆるいと振り遅れるので、グリッププレッシャーを強めにして短く持って打つなど、緊張したらしたなりに、絶対にゆるんだショットを打たないようにするわけです。

大きく伸びをして力を入れたり、
大きなあくびをするのも効果的

「ため息」は魔法のリセット術 なくてはならない人間の自然行動

もうひとつは副交感神経を上げて緊張を和らげる方法ですが、この場合は「呼吸」がポイントになります。

タイガー・ウッズは、〝ここぞ〟というパットを打つ前に、胸を大きく2回動かし、深く呼吸をしてからアドレスに入ることがよくあります。あるトーナメントで快進撃中のジャンボさんと一緒に回ったとき「呼吸が深いな」と何度か感じましたし、『全英オープン』で5位になった時の丸山茂樹プロのプレーを観ていた記者さんからは「プレー中、遠くからでも呼吸の深さを感じた」という話を聞いたこともあります。

この3人に共通するのは、いわゆる〝ゾーンに入った〟状態であること（178ページ参照）。**勝負に集中して高いパフォーマンスを発揮しているプレーヤーは、みんな息が深いということを示しています。**

呼吸をすると、吐く時にはリラックスのα波、吸う時には興奮のβ波が出ますが、ゾーンに入るにはα波が欠かせません。理由は息を吐く＝α波が出ることで副交感神経が活性化するからです。

イケイケでプレーしている時は、当然のごとく交感神経が活性化しています。でも、その状態は長くは続かない。そこで欠かせないのが副交感神経というわけで、**両者がともに活性化することで、自律神経が高いレベルでいい状態をキープできるわけです。**

ロシア軍の特殊部隊などが習得する実践的な格闘技に「システマ」というのがあり、そこに「システマ・ブリージング」という呼吸法があります。極限状態でも平常心を保つための方法ですが、それはまず鼻から息を吸いながら全身の筋肉に力を入れます。カラダの隅々まで緊張していることを確認しながら吸うのがポイントです。

これで全身を緊張させたら、口をすぼめてゆっくり息を吐きながら全身の力を一気に抜いていきます。これを何度か繰り返すとリキみがとれます。全身ではなく、息を吸いながら首まわりだけを緊張させ、吐くときにゆるめてもいい。緊張して浅くなっていた呼吸が楽になります。

あくびはまさにリキんでからのリラックスです。緊張とリラックスは二つで一つ。緊張して交感神経が優位になると呼吸が浅くなって脳に送られる酸素の量が減りますが、たくさんの空気を吸い込めるあくびをすると酸素が多く取り入れられるのです。

つまり、自律神経は呼吸によってある程度コントロールできるということ。**特に息を吐くことがすごく大事です。**

息を吐ききれば勝手に吸いますから、吸うより吐くことにウエイトをおいて呼吸をする。吐く時間を吸う時間より長くすることで、自律神経のバランス

息を吐くことによって副交感神経を高めることができる。深呼吸する場合も、吸うことより吐くことが大事。吸ったよりはるかに長い時間をかけてゆっくり吐ききる

をとることができます。

おもしろいのは「クーッ！」とか「ガッ！」とか、英語なら「ガッテム！」といったように、息を詰めて感情表現をする時は交感神経が優位になり、「は〜」とか「ふぅ〜」とか息を長く吐きながら表現する時は副交感神経が優位になっていること。熱いお湯に浸かって「クーッ」となったら交感神経、いい湯加減で「ふ〜」なら副交感神経です。

池田勇太プロは大事なパットの前には立ち止まり、しゃがんでゆっくり時間をかけてラインを読みます。さらに、半眼開きのような目でパター片手に立ち止まり「はぁ〜」と長く息を吐くことがよくあります。本人が意識しているかどうかはわかりませんが、こうすることで確実に副交感神経を上げ、落ち着いて次のプレーに移れます。

「ため息をつくと幸せが逃げる」と言いますが、僕に言わせればこれはウソ。室田淳プロとラウンドした時、スコアを崩してイライラしているなと思って見ていたら「あ〜あ〜たまんねぇよな〜」とため息交じりに言われました。するとそこから3連続バーディ！ため息は幸せを呼んだのです。

ハードルを下げる、マイナス情報を削除する有効性

ほかにも緊張感を和らげる方法があるので、いくつか紹介しておきましょう。

まずは自分のハードルを下げること。手前味噌で恐縮ですが、僕が2010年の「キヤノンオープン」で13年ぶりにツアー優勝した時は、3日目のラウンド後に「明日は86打つぞ！」と自分に思い込ませました。

思うだけでなく記者会見では宣言までしました。「最終日はフジサンケイが81、先週は79。明日はまた80を打ちますよ。優勝争いで緊張しているから85～86はいくでしょう」と会見したのですが、それを受けて会場で笑いが起こると、スーッと気持ちが楽になった。「あ、これだな！」と確信した僕は、そのまま翌日に臨みました。

3番ホールのパー4で2打目がカップインしてイーグルをとった時も「こういうあとは大崩れするんだよ」とキャディに言い続けた。でも、優勝できました。ハードルを下げたことが大きな一因だったのです。

アマチュアの方がラウンドする際には「絶対フェアウェイに打つ」を「林と林の間に打てばいいや」に、「グリーンに乗せる」を「だいたいグリーンまわりに行けばいい」というように、ワンプレーごとにハードルを下げたほうがいいでしょう。

マイナスの情報を入れないことも大事です。ゴルフは狙ったところにボールを運ぶゲームですから、ある程度ターゲットを明確にする必要があります。

本来はそこだけに集中して打てばいいのですが、ホールをチェックする際には「右サイドはOB」「左にバンカー」「手前は池」といった情報がもたらされます。これらはみなショットを打つうえでマイナス情報になります。

たとえ「避けなきゃ」とか「入れちゃだめ」と自分に言い聞かせても、脳にとってはひとつの情報にしかすぎません。つまり、OBやバンカーがより強く脳にインプットされるわけで、そのまま打てば行ってほしくない方向に飛ぶ可能性が高くなるのです。

これを防ぐには、マイナス情報を塗り潰してから打つこと。すなわち、**打つ前の最終段階で打ちたいエリアを強く意識することです**。僕は、試合中はキャディさんにこういったマイナス情報を入れさせないようにしています。

一流の人の脳の使い方の共通点

「ゴルフがうまい人は何を考えてプレーしているんだろう？」と思ったことはないでしょうか？　また、うまい人とゴルフについて話した時「いろいろなことを考えているんだなぁ」と感心したことはありませんか？

おそらく、誰もがこんな体験をしていると思います。僕もタイガーやジャンボさんの頭の中を覗きたいと思いました。きっと僕が考えもしないことを考えながらプレーしているんだろうな、と勝手に想像していたのです。

ヨーロッパのある脳科学者の集団が、オリンピックの金メダリストをはじめとしたトップアスリートや超一流の音楽家らを集め、小脳から大脳に向かう経路にセンサーを付けて脳を使った時に発光するようにして脳の使い方を観察しました。

研究者たちの仮説は、一流になるほどいろいろなことを考えながらパフォーマンスをしているというものでしたが、結果は逆で、一流ほど発光が少なく、一般の人ほど多かった。**脳をシンプルに使い、最小限のことを即座に判断していた一流に対し、凡人はいろいろなことを散漫に考えていたのです。**

ラウンドではやることを減らす

若い頃、ジャンボさんと食事をご一緒させていただいた時に「横田、お前は自分のことを器用だと思っているだろう。でもな、器用を表に出すのは一流じゃない。一流ってのは同じことを何べんも繰り返しできるやつのことを言うんだ」とお説教をいただきました。

166ページでは、一流は特別なことをしないと書きましたが、これは頭の中をシンプルに使いたいからでもあります。

これはアマチュアの方も同じで、ラウンドではもちろん、練習でも多くのことに手を出さないほうがいい。谷口さんや手嶋さんは、フックラインのパットばかり練習しています。

そしてフックラインが残るように攻め、自信を持ってパットを打つ。だからあれだけ強気で打てるのです。

ラウンドの当日もできるだけ頭の中をシンプルにしたいので、やらなければならないことは前日にやっておく。持ち物、着るものなどの準備はもちろん、前夜に食べるもの（133ページ参照）、当日食べるものまで決めておいてもいいくらい。

とにかく、考えることをひとつでも減らしておくほうがいいでしょう。おもしろいことに、ラウンド前の練習場にたくさんのクラブを持ち込んでいるプロはいいスコアが出せません。

交感神経と副交感神経が高いレベルで活動できるとゾーンに入れる

このパートでは自律神経のバランスをとってプレーすることの重要性を説いてきました。それがいいスコアで回る秘訣だからですが、もっと言えば、誰もが一度は入ってみたい「ゾーン」への入り口にもつながっているからです。

ゴルフに限らずスポーツでは「ゾーン」あるいは「ゾーンに入る」といった言葉や表現が使われます。やることなすことすべてがうまくできている状態のことで、これを言葉で表すと**「心静かに目が冴えた状態」**ということになると思います。

視野が広くて頭が冴え、自分のやることに対して一切疑うことがないので心穏やか、思ったとおりにカラダが動いて気持ちいい感じです。

2017年の『日本プロゴルフ選手権日清カップヌードル杯』で優勝した宮里優作プロ

は、父親でコーチの優さんに「静かに勝ちに行きなさい」と言われたそうですが、この言葉がゾーンへと誘ってくれたのでしょう。僕も13年ぶりにツアーで優勝した『キヤノンオープン』の時に、こんな感じを味わいました。

この状態を自律神経的に分析すると、交感神経と副交感神経がともに高いレベルで活動しています。すでに述べたように、両者のバランスがとれると自律神経は安定しますが、そのレベルには上限、下限がありません。キャパシティは人それぞれで、上限が１００の人もいれば70の人も１２０の人もいますが、それとは関係なく、交感神経と副交感神経が高いレベルで活動できていると、その人なりのゾーンに入れます。

仕事がはかどったり、ゲームがミスなくできる時は、ちょっとしたゾーンに入っているかもしれません。

当然ながら、**交感神経と副交感神経のキャパシティが大きければ高いレベルでバランスがとれます**。これが「ハイパーゾーン」で、一旦入るととんでもない力を発揮する。50台のスコアを出すのはこんなプレーヤーなのです。

血流をよくするとゾーンに入りやすくなる

自律神経の活動レベルを上げるには、血流をよくすることです。交感神経が優位の時は血管が収縮して血圧が上がります。また、副交感神経が優位の時は血管が弛緩して血圧が下がりますが、これらはいずれも血流が悪い状態です。

これらに対して血流がよい状態とは、交感神経と副交感神経がバランスのとれた状態。普段から血流がよければ、双方のバランスがとりやすいということになります。

また、血流がよくなるとカラダのトラブルがなくなります。たとえばアイシング。ピッチャーがマウンドを降りたあとや、サッカー選手が交替したあとに、肩や脚を氷嚢で冷やす処置で、酷使したことで炎症を起こした筋肉から消炎するために行いますが、本来の目的は冷やすことではなく、冷やしたあとに炎症を起こした部分が再び温まってくること。

カラダの恒常性を促すのが目的です。

恒常性、別名ホメオスタシスとは、人間がカラダを一定の状態に保つ働きです。暑いと汗をかく、寒いと震えるというように、人間のカラダは状況に応じてさまざまに反応し、健康や生命を維持しようとします。これがホメオスタシスで、この活動を司っているのも自律神経です。

血流がよくなると細胞が入れ替わる

話が逸れましたが、つまりはホメオスタシスによって温まることで血流がよくなる。これが自律神経の活動と相互に影響しあっているわけです。

温かいお風呂から冷水に入る交代浴もホメオスタシス効果が見込めます。僕も疲れを取りたい時にやりますし、ダメージが大きな時は氷のお風呂に入ることもあります。ただし、これは高血圧の方や疾患のある方にはおすすめできません。

おしなべてカラダが温まろうとしている時は血流がよくなっています。血流がいいと細胞の入れ替わりも活発になります。**僕も試合が重なったり、運動不足でカラダが重い、あるいは腰が痛かったりする時には血流を上げます。すると、大抵のことは治ってしまいます。**

有酸素運動も血流をよくするのに効果的です。ウォーキングやエアロビクスなど長時間連続して行うのが有酸素運動ですが、これをやってある程度心拍数を上げると血流がよくなるのです。

心拍数の目安は30代で130回／分、40代で120回／分、50代で110回くらい。僕はもっぱらエアロバイクとジョギングですが、人と話ができる程度の負荷をかけながら運動します。これにストレッチを組み合わせると、ほとんどの疲れは取れます。

腸内フローラが自律神経を活性化する

前にも触れましたが、血糖値の急上昇はパフォーマンスの低下はもちろん、さまざまな疾病の引き金になります。

食後に上がる血糖値のことをGI値と言い、これは低いほどいいとされています。GI値が急激に跳ね上がると細胞を破壊するからです。炭水化物をはじめとした糖分をとるとGI値は一気に上がるので、**空きっ腹に野菜ジュースでおにぎりを流し込んだり、いきなり丼物をかき込むのは最悪です。**

ちなみに、**同じ炭水化物や糖類でも〝魔の白物〟と言い、白い食物よりは黒っぽい食物のほうがGI値が低くなる傾向があります。**白米より玄米、食パンよりライ麦パン、白砂糖より黒砂糖、うどんよりそばといった感じです。いずれにしても、このようなものならできるだけ時間をかけて食べるか、野菜を中心とした食物繊維からとるのが理想です。

なぜかと言うと、先に食物繊維があることで、糖分や脂質が食物繊維にくっつくから。これにより胃で一気に消化せず、小腸まで使ってゆっくり消化されるためGI値が上がりづらくなるのです。

参考までにお話しすると、食べた物がエネルギーになるのは炭水化物で1時間後から。その間、ずっとドヨンとした状態が続きます。早いのはチョコレートで15分後くらいにはエネルギーになりますが、1時間もたつと急激な血糖値の低下が起こるので食べるタイミングが大事。たとえば上がり3ホールを控えたタイミングで食べるといった具合ですが、面倒臭さなどを考えると、**ラウンド中はナッツ類や甘すぎないフルーツをこまめにとるのがオススメです。**

腸内環境のカギは乳酸菌と食物繊維

さらに、自律神経の活性化に着目した場合、腸内環境（腸内フローラ）が大きなポイントになります。自律神経は消化器系を司っていますから、両者は相互に影響し合っている。**腸内環境がいいとトータルパワーも上がるというわけです。**

腸内環境をよくするには、乳酸菌と食物繊維が欠かせません。そもそも腸には腸内細菌と言われる細菌が一定数いて、それらは善玉菌（乳酸菌）と悪玉菌に分かれます。善玉菌が増えれば心身ともに良好に、悪玉菌が増えると不調になります。

悪玉菌が増えるとお通じが悪くなるだけでなく、腸内に有害物質が増えます。それが腸内の粘膜に穴を開け、体内に吸収されること（リーキーガット）で免疫力が下がり、病気やアレルギーや老化をもたらす可能性がある、という報告もあります。

一方、食物繊維は善玉菌である乳酸菌のエサになる。悪玉菌の増殖を抑えるためにも、きちんと摂取する必要があります。ただ、1日に必要な摂取量は約20グラム。これはレタス4～8個分にも相当しますから、サプリメントで補うのも効率的です。

乳酸菌のとり方としては、手頃なところでは防腐剤の入っていないキムチや、ぬか漬けなどから摂取するのがオススメです。昨今、海外セレブの間で人気になっているコンブカ（紅茶キノコ）などもいいでしょう。

乳製品のヨーグルトにはガゼインなどのアレルギー反応を引き起こす物質も含まれています。フタを開けた時に上にたまっている水分（ホエー）もそのひとつです。

ホエーはたんぱく質と結びつきやすいので、これを使ったホエープロテインは、筋肉をつけるのに効果があるのですが、残念ながら僕はこれを使えません。ホエーにアレルギーがあるからです。僕のように乳製品にアレルギーがある方は多いと思うので、気をつけたほうがいいでしょう。

つけ加えておくと、アレルギーには即効型と遅延型の2種類があります。前者はすぐに反応が出ますが、後者は数時間から1週間と間隔を置いて出るためにわかりづらいのが特徴。引っかかる可能性のある品目もかなり多いので、特定するのが困難です。

しかし、遅延型アレルギーの原因をあきらかにし、対策を講じることで生まれ変わる人もいます。小麦に代表される炭水化物にアレルギーがあり、グルテンフリーを実行することで世界一になったテニスのジョコビッチ選手がいい例です。もし、原因不明のだるさやカラダの重さ、といった症状でお悩みの方がいたら、一度遅延型のアレルギーの検査をしてみるのも手かと思います。

おわりに

かのベン・ホーガンもそうだったらしいですが、僕は誰かに「ゴルフを教えて」と言われたら、まず僕のクラブを使ってもらいます。そして、本気で人を教えるなら、僕がその人のクラブを選びます。本当はプロショップのオヤジをやりたいくらいなのですが、労力の割合が多すぎてむずかしいでしょう。

本編でも記したとおり、ゴルフはクラブから。「心・技・体」とか「体・技・心」と言われますが、僕は「体・道・技・心」だと思います。もちろん「道」は道具の道。レーサーはいい車に乗ればいい成績が出ます。ほぼ9割以上は車でしょう。競馬なら馬。ゴルフはクラブとボール。この本の最初に紹介したのは、みんなそこを軽視しすぎていると思っているからです。

クラブについては、中古でもいいものがあります。価値がないものもありますが、クラブの「ここが大事」というポイントがわかってさえいれば、中古でもいいクラブは見つかります。最新は最良とは限らない、ということはおわかりいただけるかと思います。

これはクラブに限ったことではありません。ゴルフでは新しい理論や、スイングのトレンドといったものが次々と紹介されていますが、クラブという道具を使ってボールを打つことに変わりはありません。また、それを同じ機能をもった人間がやる点も同じです。

つまり、ビギナーでない限り、いまから新たに始めることはそれほど多くない。あるとすれば、勘違いに気づいたり、知らなかったことを知ること。それだけで誰でもうまくなる可能性があります。

さらに、スコアアップのためにカラダについて考え、知識を増やせば、健康で充実した生活を送ることにもつながります。

日常生活はもちろん、仕事にも役立つことになり、すべてがいい方向に循環していくのです。僕が実現したいのはそれ。この本がそのきっかけになれば幸いです。

横田真一

ザ・ウエッジ・バイブル

石井 忍＝著

最近、急にうまくなった人は、**コレ**読んでます！

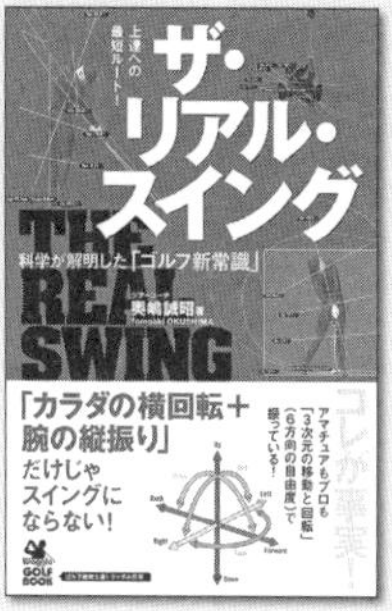

ザ・リアル・スイング

ザ・リアル・スイング
最適スイング習得編

奥嶋誠昭＝著

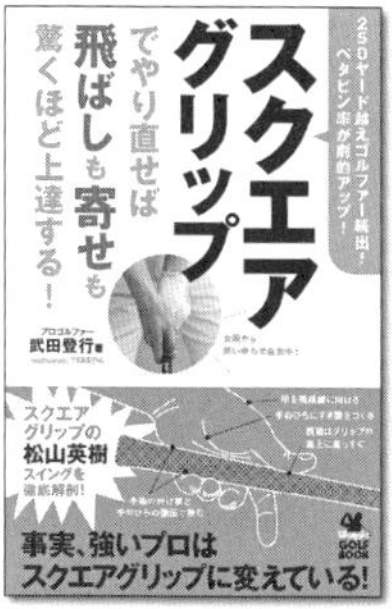

スクエアグリップで
やり直せば
飛ばしも寄せも
驚くほど上達する！

武田登行＝著

ショートゲームは「**ロジック**」です！

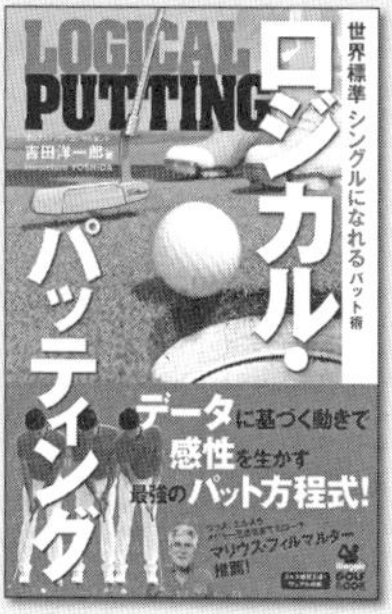

ロジカル・パッティング

ロジカル・アプローチ

吉田洋一郎＝著

ゴルフ絶対上達！
ワッグルゴルフブック

絶賛発売中！

実業之日本社·刊　定価 本体980円＋税

ゴルフ新上達法則

鈴木タケル、一川大輔＝共著

著　者　**横田真一**（よこた・しんいち）

プロゴルファー。1994年にプロデビューし、2010年キヤノンオープンなど通算2勝。ツアープロでありながらゴルフを多角的に研究することで知られ、順天堂大学大学院医学研究科修士課程を修了。医学、バイオメカニクスなどの幅広い知識を、自らのプレーや主宰するYOKOTA BASEなどでのレッスンに応用している。ベストセラー『横田真一4スタンスゴルフ』（実業之日本社）など著書多数。1972年生まれ、東京都出身。ELPA所属。

Waggle GOLF BOOK

ワッグルゴルフブック

横田《よこた》メソッド

2018年11月25日　初版第1刷発行

著　者…………………横田真一
発行者…………………岩野裕一
発行所…………………株式会社実業之日本社
〒107-0062 東京都港区南青山5-4-30
CoSTUME NATIONAL Aoyama Complex 2F
電話（編集）03-6809-0452
（販売）03-6809-0495
ホームページ………http://www.j-n.co.jp/
印刷・製本…………大日本印刷株式会社

ISBN978-4-408-33791-3（第一スポーツ）